今田美桜スタイルブック

Brand
Brand new
Brand new
Brand new
Brand new
Brand new

P2-5 Dress, Waistcoat, Earrings, Necklace (Chloé) / Chloé Customer Relations **P6-9** Dress, Misanga,bangle (Dior) / Christian Dior Boots / JIMMY CHOO **P10-13** Dress (Dior) / Christian Dior Boots / JIMMY CHOO **P14-17** Dress (LOEWE) / LOEWE Japan Customer Service Belt / GROG GROG Boots (Christian Louboutin) / Christian Louboutin Japan **P18-23** BAR Jacket, Pants, Shirt, Tie, Hat (Dior) / Christian Dior Boots / JIMMY CHOO

STALK ME
BLOCK ME

今田美桜スタイルブック

イマ

もくじ

今田美桜 in L.A.

今回の撮影では
アメリカ・ロサンゼルスに行ってきました。
私の好きなものを紹介しながら、
旅の様子をお届けします。
念願だった、初めてのL.A.!
楽しすぎて、だいぶ、はしゃいじゃってます。

スーパーマーケット

私の好きなもの。──

基本的に食べ物が並んでいる場所に行くとニヤけます。スーパーだけじゃなく、コンビニも大好き。中でもレジ横にあるホットスナックが大好物でして、行くと何かしら買っちゃうんです。24時間いつでもごはんを買える安心感がいいです。コンビニのおにぎりも好きなんですよね。選ぶのはだんぜん海老マヨ！ 冷凍食品もよく買います。調理が簡単だし、手軽で美味しいのが最高。冷凍食品だったらパスタが一番定番かな。

L.A.のスーパー『TARGET』に行きました。とにかくその広さとスケールにびっくり！　いろんなポストカードを買いました。音が鳴るやつとか。こまこましたものが好きなんです。あと楽しかったのが、歯ブラシのコーナー！　子ども用の歯ブラシが本当に可愛くて。あ、私はブラシが小さい歯ブラシが好みで、いつも子ども用を使っているのです。

私の好きなもの。

2

本と映画

小説が好きです。ファンタジーよりは、リアルな情景が浮かんでくるようなお話が好き。中でもお気に入りは原田マハさんの『本日は、お日柄もよく』。『生きるぼくら』も泣けて、印象的でした。一日で読んじゃうものもあれば、難しい本だと読み切るのに一ヶ月ぐらいかかることも。旅行や遠方でのお仕事のときは必ず持っていって飛行機の中で読んだり、あとは時間があるときに家で読みます。今日、本しか読んでないなって日もあるくらい。本って捨てられなくないですか？　だからどんどん増えていく一方なのです。映画は社会性の強いヒューマンドラマが好みです。観終わったあとにズーンとくるような。邦画だと特に『ジョゼと虎と魚たち』が好き。洋画だと……難しいな。なかなか選べないけど『ゴーン・ガール』とか。『女神は二度微笑む』はどんでん返し系でおもしろかった。『キャロル』もよかったです。あとはファッションが可愛い映画もよく観ます。『きみに読む物語』『ゴッド・ヘルプ・ザ・ガール』とか。DVDを借りて観ることが多かったけど、延滞しがちだったので最近は動画配信アプリで観ています。

L.A.の『THE LAST BOOK STORE』にはいろんなジャンルの本があって、レコードもあって、あの空間にいるだけでウキウキ。本屋さんってずっと居られるんですよ。全然飽きないです。

THE
COEN
BROTHERS
VINYL

私の好きなもの。3

デニム

リーバイス501とか、くたっとしたヴィンテージっぽいシンプルなデニムが好き。脚がキレイに見えることを一番、重要視しています。デニムは現在7本ぐらい持っていて、ストレートやブーツカット、ハイウエストなものとか。色は濃かったり薄かったり、ブラックだったり。シンプルなのが好きだから、ダメージが入っているのはないです。穴も開いてないです。夏になるとデニムにTシャツのコーデが多くなる！ ブーツを合わせたりもするし、シャツとか、けっこう何にでも合わせて着こなしを楽しんでいます。薄い色のデニムだと子どもっぽく見えがちなので、ヒールを合わせて女性らしさを出せるように心がけたり、しています。
今回たくさんのデニムに囲まれて撮影したんですけど、こんなデニムだらけの空間は初めて。幸せでした。でも数が多すぎて結局自分に合うデニムを選べなかったです。海外のものはサイズが大きいし丈も長くて……残念っ（涙）！

ICE

私の好きなもの。

4 ビール

L.A.の『ANGEL CITY BREWERY』でビールの飲み比べをしました。何も食べないまま飲んだから、ちょっと酔っ払っちゃった（笑）。店内にビッグサイズのUNOとか、色々なゲームが置いてあって、ローカルの人たちが飲みながらそれを楽しんでいて。私もやりたくてずっと待っていたけど、空かなかったなぁ。ビールは赤っぽくてフルーティなものが美味しかった。日本のよりもアルコールが強めで、大人の味でした。

お酒の中でビールがいちばん好き！　大好き！　シュワシュワした喉ごしがたまらないんです。次の日がオフだったら必ず飲みます。アサヒビールがイチオシです。気分のいいときはごはんを作りながら飲んじゃいます。

私の好きなもの。5 お肉

魚かお肉かと聞かれれば完全にお肉！ 部位は圧倒的にタン、中でもネギ塩タンが大好き。厚切りよりも薄切り派。かけるのはレモン。ネギを自分でいくらでものせていいお店なら最高！ タンさえあればご機嫌です。次に好きなのはハラミ。味付けはタレで。赤身っぽくて柔らかいところがたまらない。
ハラミが大好きな友達がいて、その子とよく焼肉屋さんに行って、タンとハラミを交互に食べています、ずーっと（笑）。お店はこれからいっぱい開拓したいなと思っているところ。

私の好きなもの。6

シール

シールは、お友達の誕生日のとき、プレゼントに添えるポストカードやお手紙に貼ることが多いかな。
我が家にはポストカードとシールの引き出しがあってその中にいっぱい入っています。もったいなくてなかなか使えないうちに、どんどん溜まっていっちゃう。
たまにひっぱり出して眺めています。
そしてまたしまう。

L.A.のショッピングモール『The Grove』の隣にある『STICKER PLANET』というシール専門店でシールを爆買いしました。日本にあまりシール屋さんってないから楽しくて。でも可愛すぎて使えない、という悩みに今、直面しています。

BANK OF VENICE
stackcommerce
Lolë

タピオカ

ハマったきっかけは……なんだったんだろう(笑)？
記憶が定かじゃないけど、台湾に撮影で行ったときに『春水堂』でタピオカドリンクを飲んで、なんて美味しいの！って感動したのがきっかけだったかも。台湾のタピオカはすごく大きくてびっくりしたのも覚えてます。今はUber Eatsでデリバリーしたり、お店だったら新宿の『PEARL LADY 茶BAR』や『comma tea』がお気に入りです。昔は全然並んでなくていつでもすぐ買えたのに、今はすごく混んでいて、それがちょっぴり悔しい！
日本でも人気の『Alfred Tea Room』の本家本元L.A.のお店は、全部がピンクですごく可愛かった！ もちろんタピオカは美味しかったけど、ミルクティーがちょっと甘かったなぁ(笑)。

私の好きなもの。

8

靴

なぜだか分からないんですけど、買い物に行くと靴に目が行ってしまって。シュークローゼットはいつもいっぱい。

買ったらすぐに履きます。靴からコーデを決める日もあります。傾向としては、靴で少し大人っぽさを足したいので、フェミニンなデザインのものが多いかな。

私の好きなもの。

9

古着

新品にはない、古着特有のかたちや素材、色味が好きです。基本的にデザインはシックなものとかエスニックなもの、色が鮮やかなものに目が行く。

意外かもしれませんが、女の子っぽい、ふわふわ可愛いものやパステルカラーは苦手で。ちょっと変わったシルエットのものにも惹かれます。柄とかも、なんじゃこりゃ的な。ヴィンテージ感のあるキレイめなアイテムもよく選びますね。童顔なので、ファッションで大人っぽく見せたいんです。

『Hidden Treasures Vintage』というお店で表紙の洋服をたまたま買ったんですけど、それ以外にも可愛いのがいっぱいあって、安くて最高でした。もう1回行きたい。時間がなくて、見足りなかったー！

N·N·OUT
BURGER

L.A.って?

いつか撮影してみたいと思っていた場所

ドーナツがとても甘い。
うおおおおってなるくらい甘い

L.A.の楽観的な空気感が好き

美術館に行って、
L.A.の文化に
ちょっとだけでも
触れられて
よかったなぁ

シール屋さん、
また行きたい

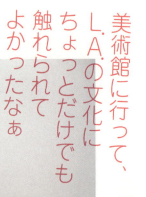

L.A.で撮った写真は
どれもお気に入りで
選びきれないくらい

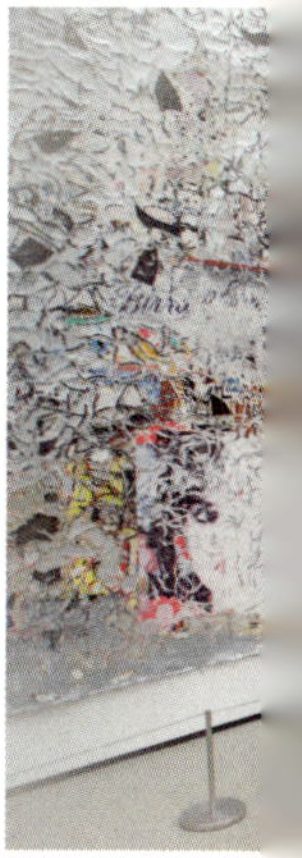

気候も日差しも
雰囲気も……

ロサンゼルス レイカーズの
最終戦、最後の最後で、
レイカーズがブザービートで
勝ち越されて
めっちゃ盛り上がった!

L.A.には古着屋さんが
たくさんあるって聞いていて
すごく気になってたんです

メルローズのフリマで
後悔していること。
可愛いセットアップを見つけて
結局買わなかったんだけど、
やっぱり欲しかったなって

ビール、日本のより
アルコール
強めですよね？？？

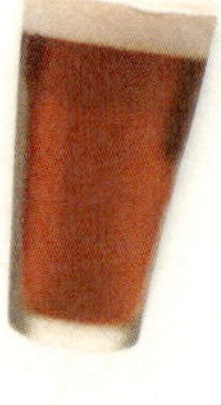

それまであんまり
興味のなかった
タコスとナチョスに
ハマりました

印象的だったのは
ジョシュアツリーという場所。
広大で、見たこともない
お花や植物がいっぱいあって、
L.A.っぽくて

めっっっっちゃ
楽しかった——!!

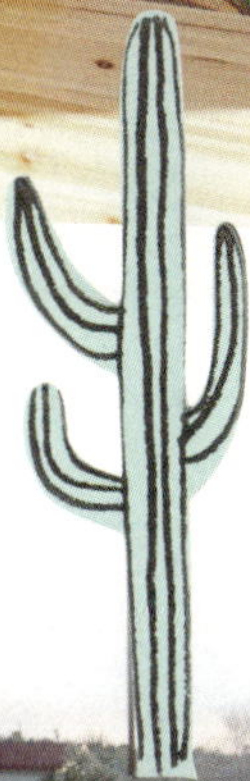

わたしの泊まったホテル

今回泊まったホテルは、いかにもL.A.って感じではなく内装はわりとシックで、でもところどころ南国っぽくて、プールもあって。なんと言ったらいいんでしょうね。

居心地がよくて、すごく落ち着けました。私にとってホテルで一番大事なのはシャワーの水圧。水圧がちゃんと強いことが重要なんです。弱いと頭洗うときに時間がかかるので(笑)。その点でも、こちらのホテルはばっちりでした。

このホテル、
落ち着いてるんだけど
L.A.っぽさもあって
居心地がよかったです

BEST WESTERN PLUS Sunset Plaza Hotel
8400 W. Sunset Blvd.
West Hollywood, CA 90069
323-654-0750 Hotel
323-745-1968 Reservations
https://www.sunsetplazahotel.com

わたしの旅じたく

パッキングはめちゃめちゃ遅いです。追い込まれないとできない。取り掛かるまでも時間がかかるし、やりながらも時間がかかる。突然試着を始めたり、あ、こんな服持ってたんだって（笑）。洋服はその場所に合うもの、着回しができるものを選びます。あと白Tシャツは絶対に持ってく。逆にパジャマは持っていかない。ホテルに置いてあるバスローブをパジャマがわりに着るんです。だってパジャマのためのスペースをさきたくないから。だったらもう1着洋服を持っていきたいじゃないですか！

スーツケース：リモワのゴールド色のもの。　中身：歩きやすいスニーカーと、カジュアルにもキレイめにも合わせられるサンダル。楽だしL.A.の雰囲気に合うオールインワン。ナップザックみたいなレザーのリュックは日本の古着屋さんで買いました。リュックは便利。両手空くし、何にでも合うし。バッグはふたつ持っていきます。茶色い柄の小さい巾着はこぎれいな場所に行くとき用。ブルーのポーチの中はシャンプーとかホテルに置くスキンケアとか。ぶたのポーチは薬入れ（喉が腫れやすいので抗生物質を毎回持参）、白いポーチは日焼け止めを数種類（顔用、スティックタイプの持ち歩き用、ボディ用のをSPF違いで２種類）とUVケアサプリを入れて。そこだけすごい心配性っていう（笑）。乾燥対策のパックとかこまごましたものも。大きなツバの帽子は折りたためるやつで、日焼け対策に。写真を撮るのが大好きなので写ルンですとチェキ。リアルに使っている足リラシート。むくんだときに欠かせないんです。めっちゃ薄いし、持ち歩きに便利。あとは愛用してる美顔器と、小さな丸いレンズのサングラス。

L.A.で買った古着たち

エスニック風ワンピース
『American Rebel』で買ったエスニック風ワンピースは、ボタンとボタンの間隔や裾のデザインがお気に入り。イカつかったので肩パットは抜きました。

アルマーニのJK
『Recess』で買ったused JKのこのテラコッタカラーが自分の肌にぴったり。長めの丈もちょうどよくて。こういう、キレイめのアイテムが好きです。

スカーフたち
キレイな色のスカーフやハンカチを古着屋さんや、メルローズのフリーマーケットで思うままにいっぱい買っちゃいました。お値段も手頃で、お土産にもいいですよね。

セットアップ
『Hidden Treasure Vintage』で見つけたこのセットアップを今回表紙で着ました！ ちょっと大きかったんだけど、スタイリストさんに詰めてもらって。

スウェット
フリマで購入したスウェットはもう、誰!?みたいな（笑）。ゆったりしたサイズ感とこの女の人の髪型に惹かれました。私的にはレアな1枚です。

柄シャツ
これもフリマで買いました。すごいんですよ、色合いが（笑）。水色とオレンジと花、みたいな。こういう派手なの好きなんです。あとボタンも可愛い。

ビーズトップス
これ、すごく安かったんです。ショート丈とビーズも好み。ハイウエストのボトムに合わせたり、シンプルなデニムに合わせてもいいかも。

グリーンJK
これはジャケットなのかブラウスなのか。そして私、ボタンが相当好きなんでしょうね。これもボタンに惹かれました。あとあざやかな緑色に。

バッグ
麻みたいな素材で大容量のバッグはフリマで$40ぐらい。荷物の多い日や、一泊旅行にもいいかも。とにかく大きいし、意外と合わせやすい！

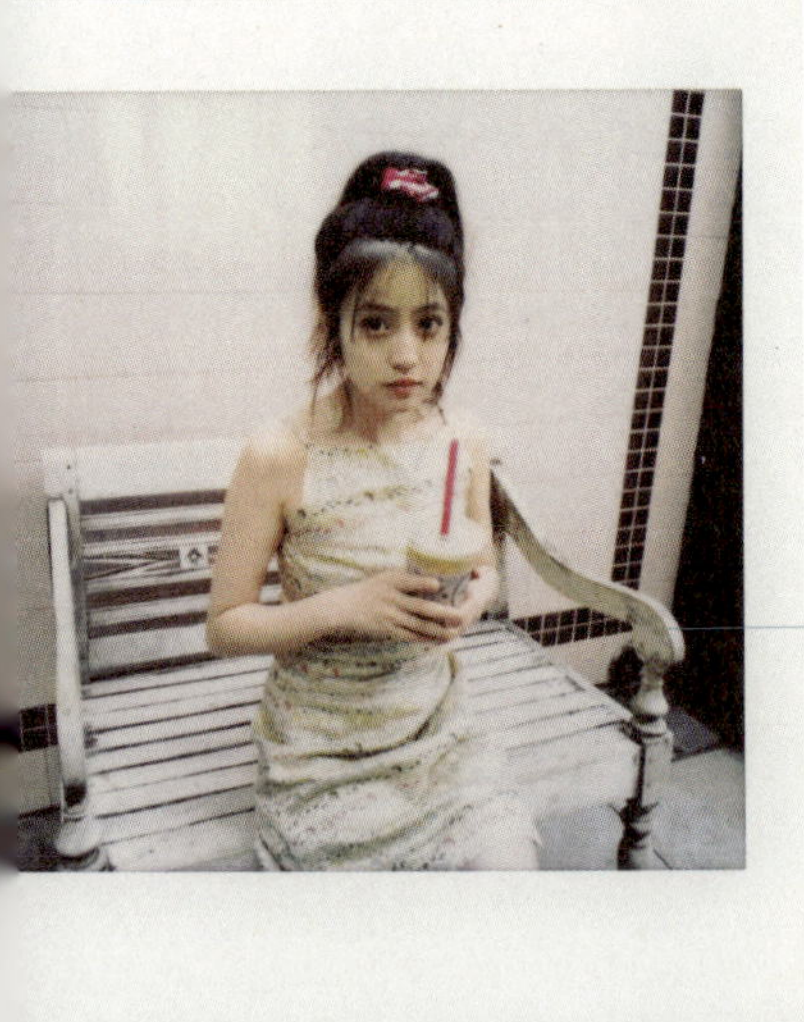

L.A.で大好きになったお店

HOLLYWOOD

とっても有名なハンバーガー屋さん。ボリューミーだったけどペロリ

In-N-Out Burger
7009 Sunset Blvd.
Hollywood, CA 90028
1-800-786-1000
http://www.in-n-out.com

WEST HOLLYWOOD

ラテアート、いっぱい種類があって楽しい

CARRERA cafe
8251 Melrose Ave.
Los Angeles CA 90046
323-852-3337
https://www.carreracafe.com

日本でも大人気のタピオカドリンクのお店

Alfred Tea Room Melrose Place
705 N. Alfred St.
Los Angeles, CA 90069
323-592-3465
https://alfred.la

撮影を忘れるくらい楽しかったフリーマーケット。ココで買った靴がお気に入り

Melrose Trading Post
7850 Melrose Ave.
Los Angeles, CA 90046
http://melrosetradingpost.org

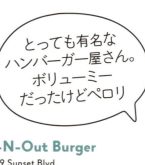

WEST HOLLYWOOD

マーケットの中の
シール専門店。
爆買いしましたよ

STICKER PLANET
6333 W. 3rd St. Stall #220
Los Angeles, CA 90036
323-939-6933
http://www.stickerplanetla.com

めちゃくちゃ美味しい
フレンチ料理のお店。
お肉の上にキャビアが
のっていて……

RÉPUBLIQUE
624 S. La Brea Ave.
Los Angeles, CA 90036
310-362-6115
https://republiquela.com

いかにもアメリカンな
スーパーマーケット

TARGET
7100 Santa Monica Blvd. STE201
West Hollywood, CA 90046
323-603-0004
http://www.target.com

エッグベネディクトと
ルッコラのサラダを
オーダー。美味しかった♡

THE HART AND THE HUNTER
7950 Melrose Ave.
Los Angeles, CA 90046
323-424-3055
http://www.thehartandthehunter.com

Recess
111 N La Brea Ave.
Los Angeles, CA 90036
323-931-4009
https://recessla.com

オフの日に
見つけた
古着屋さん

ここも
大好きな
古着屋さん

American Rebel
7474 Melrose Ave.
Los Angeles, CA 90046
323-944-0195

デニムだらけの
天国のようなお店

The Wasteland
7428 Melrose Ave.
Los Angeles, CA 90046
323-653-3028
http://www.shopwasteland.com

SANTA MONICA

初日に行った
ゲームセンター屋さん。
プリクラも撮りました

PLAYLAND ARCADE

350 Santa Monica Pier
Santa Monica, CA 90401
310-451-5133
http://www.playlandarcadesmpier.com

VENICE

塩バニラと
ハニーラベンダーを
チョイス

美味しすぎて
2回も行った
アイスクリーム屋さん

SALT & STRAW

1357 Abbot Kinney Blvd.
Los Angeles, CA 90291
310-310-8429
https://saltandstraw.com

MALIBU

まさに
宝箱をひっくり
返したような
古着屋さん

Hidden Treasures Vintage

154 S. Topanga Canyon Blvd.
Topanga Canyon, CA 90290
310-455-2998
http://www.hiddentreasurestopanga.com

DOWNTOWN

NBAレイカーズの
ホーム。
最終戦を観戦しました

STAPLES Center
1111 S. Figueroa St.
Los Angeles CA 90015
http://www.staplescenter.com

ここでビールを
あれこれ飲み比べ

ANGEL CITY BREWERY
216 Alameda St.
Los Angeles, CA 90012
213-622-1261
https://angelcitybrewery.com

美術館が好きでして。
1人しか入れない
キラキラスポットが
幻想的でした

The BROAD
221 S. Grand Ave.
Los Angeles, CA 90012
https://www.thebroad.org

Chicas
TACOS
このメキシコ料理屋
さんのおかげで
タコスとナチョスが
大好物に。
パリパリ感と辛味が
最高っ

Chicas TACOS
728 S. Olive St.
Los Angeles, CA 90014
213-896-0373
https://chicastacos.com

とにかく広い！
すごい数の本や
レコードがあって
飽きずにずっと
いられる空間

THE LAST BOOKSTORE
453 S. Spring St.
Los Angeles, CA 90013
213-488-0599 / 213-628-3499
http://lastbookstorela.com

フォーはもちろん、
サンチュで
巻いて食べた
揚げ春巻きが美味!!

PHO87
1019 N. Broadway
Los Angeles, CA 90012
323-227-0758
http://pho87.net

L.A.たのしかった。

しふく

福岡にいた学生時代から興味を持ち始めたファッション。
それから年を重ねるにつれて、お洋服への愛は増すばかり！
特に古着は、昔からずっと大好き！ 今まで公開したことのない
私服アイテムを、完全セルフスタイリングでお見せしちゃいます。

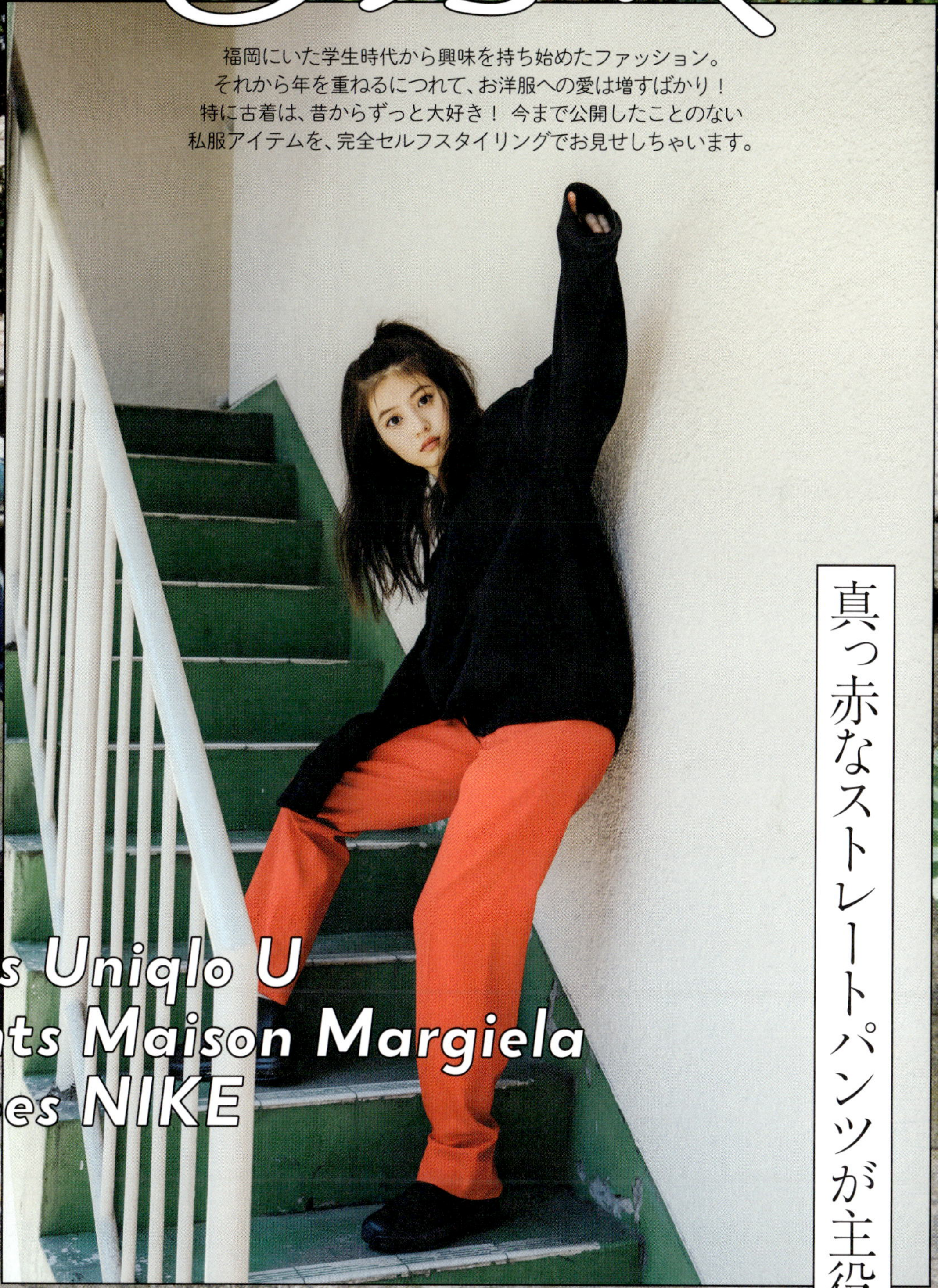

真っ赤なストレートパンツが主役

Tops Uniqlo U
Pants Maison Margiela
Shoes NIKE

このパンツは派手な赤とストレートな形に惹かれて。しかもウエストがゴムだから、はき心地もラクなんだ。トップスはコロンとしたフォルムがお気に入り。NIKEの靴は足がすっぽり包まれて快適なんです。

イメージはバレリーナ

Tops Nicolas Jenson
Skirt vintage
Sandals MAISON EUREKA

海みたいなブルーと異素材の重なりがキレイなスカートは、見た瞬間うっとり。これは福岡の古着屋さんで見つけたもの。女性らしいスタイルを、ビーサン風のサンダルでカジュアルダウン。

こんな少年っぽい格好、たまにしたくなる

The 少年風コーデ！ 撮影で訪れたL.A.で見つけたメキシカンハットが主役だよ。シャツは福岡の『西海岸』という古着屋さんで購入。メンズの棚にあったのを探し出したの。柄シャツ大好きです！

Shirt vintage
Denim rag & bone
Hat vintage
Shoes MARNI

全身ピンクをハンサムに着てみたい

濃度の違うピンク×ピンクの組み合わせ、くすんだ色合い同士だから意外に合っちゃう。シャツとパンツでアイテム自体がカジュアルだから、全身ALLピンクでも甘くならないのがいいところ。

Shirt Uniqlo U
Pants 6 (ROKU)
Shoes MARNI

ダボっとしたフォルムと渋いピンクに惹かれたの

セットアップはダボっとしたフォルムと、渋みのあるピンクが気に入って福岡の古着屋さんで購入。靴はヘアメイクさんがサイズを間違えて買ったのをいただいて。合わせやすくて万能だから重宝しております。

Set up Ralph Lauren(vintage)
T shirt SLOANE
Sandals PRADA

パン屋さんみたいな帽子がポイント

アシンメトリーな肩のデザインがおしゃれなオールインワンは、着心地もすごくいい。JIL SANDERのニットは、渋谷の古着屋さんで。ベレー帽は渋谷ヒカリエの雑貨屋さんで見つけたもの。

Knit JIL SANDER (vintage)
All-in-one STUNNING LURE
Sandals CELINE

ちょっといいレストランとか行くなら

レストランとか少しかしこまった場所へ出かけるときは、とことんレディに。古着屋さんで出会ったきれいなブルーのスカートと、MARNIのブラウスでおめかし！ ブラウスは袖口とウエストのフレアなシルエットが、上品で好き。

Tops MARNI
Skirt vintage
Shoes vintage

顔が埋もれちゃうくらいのタートルがいい感じ

Knit TARO HORIUCHI
Pants ZARA
Boots DRIES VAN NOTEN

ボリュームのあるニットは包み込むようなタートルネックと、ショート丈に惹かれました。ブラウンのワントーンで合わせて、白のブーツで抜け感を出すよ。センタープレスのパンツは私の定番的アイテム。

緑と茶色。イメージは……木！

鮮やかなグリーンと質感のよさが最高なシャツは、大好きなAURALEEのもの。COLE HAANのミュールはL.A.の蚤の市で、35ドルを25ドルに値切った戦利品（笑）。キャメルとラベンダーの配色が素敵なの。

Shirt AURALEE
Pants ZARA
Shoes vintage

ゴキゲンな晴れの日に着たいおめかしワンピ

One-piece
BURBERRY (vintage)
Shoes MARNI

L.A.のアウトレットで見つけたワンピース。女性らしいシルエットと、グリーンのステッチが可愛くて！そんなレディなワンピを、ペンギンの足みたいなフラットのカジュアル靴でハズしてみました。

すとんって落ち感のある素材のパンツが好きなんだ

厚みのある生地がお気に入りのベストは、Tシャツやシャツに重ねても可愛いけれど、一枚で着るのも好き。パンツはウエストも大きくてベルトをしないとはけないけれど、このゆるさがたまらない！

Vest VillD
Pants rag & bone
shoes BALMAIN

大きいリボンで甘さをちょっと足して

Coat CINOH
Shirt ADELLY
Denim DIESEL
Shoes Church's

コートの渋いチェック柄が気分にぴったり。ふちがゴールドのボタンと、袖が絞られてるデザインがタイプだった！　ブラックデニムは、ランダムな裾がいい感じ。シャツの大きなリボンで甘さを足してみた！

チャイナなワンピにひとめぼれしちゃった

L.A.の古着屋さんで買ったワンピースは、チャイナ感が強くてなかなか着られないかな？と思ったけど、可愛すぎてつい（笑）。原宿の古着屋さんで購入した半端丈ブーツと合わせたら、デイリーでもいけちゃう！

One-piece vintage
Boots vintage

形もデザインもサイズ感もどタイプ！

福岡の古着屋さんで見つけて、ひとめぼれして即買いしたナポレオン風ジャケット。試着してみたらサイズもぴったり！　個性を引き立てられる、シンプルなボトムと合わせることが多いかな。

Jacket vintage
Denim rag & bone

おしゃれのルール

着回し重視

新しい服を買うときは、クローゼットにある服を思い出して、数パターンのコーデを組めるか検討。衝動買いをすることはほとんどなくて、わりと慎重なタイプ。たまに運命的な出会いをしてしまったら、そうもいかないけれど（笑）。

スタイルアップを意識

スタイルがよく見えるかどうか、必ず試着をしてチェックするよ。アイテム自体が気に入っても、全体のバランスが難しいと感じたら諦める。ゆるいシルエットも好きだけれど、そういうときはヒールの靴でバランスアップ。

どこかに女性らしさを

童顔なので、幼く見えないコーデが前提。洋服がカジュアルだったら、小物はかっちりしたものや大人っぽいハイブランドのバッグや靴を合わせる。カジュアルが好きだけれど、女性らしさをどこかで出します。

よく買い物するところ

伊勢丹新宿店
ハイブランドも含めてなんでも揃っているから、一度にいろいろ見られるところがいい！　行くたびに何か欲しいものが見つかる！

原宿の古着屋さん
ヨーロッパ系のヴィンテージ服が好き。特にここというお店は決めずに、キャットストリートとかをひたすら歩いて探すよ。

福岡の古着屋さん
地元・福岡にも、お気に入りの古着屋さんがたくさん。特によく立ち寄るのは『Ｂａｂｂ』というお店。雰囲気がとても好き！

かばんのなかみ

iPhoneX
ケースを探し中……いろいろありすぎて、どれがいいかわからなくなっちゃってる！

AirPods
映画観るときとか、音楽聴くときとか。コードレスなのが最高に便利で手放せない！

ピンクのモバイルバッテリー
（福岡の雑貨屋さん）
充電器くらいはポップでもいいかなって。カラバリに茶色もあったけど、ピンクで（笑）。

めがね
（EYEVAN）
ヘビロテのめがね。ふちが太くて、コーデのアクセントになります。めがねふきと一体になっているケースは、別のブランドのもの。

歯ブラシ
（L.A.のスーパー）

歯磨き粉
（MARVIS）
ブラシが小さめの子ども用歯ブラシと、からめの歯磨き粉。さっぱりする。

かばん
（LOEWE）
台本も入る大きめサイズ。ベージュも可愛かったけど、私服のテイストに合う黒に。

お財布
（CHANEL）
誕生日にいただいたもの。落ち着いたピンクと、コンパクトなサイズ感がお気に入り。

ハンドクリーム
（OFFICINE UNIVERSELLE BULY）
手そのもののデザインにひとめぼれ！　重ためのクリームでしっかりうるおう。

紫のポーチ
（L.A.で購入）
透き通るビーズがほかにない感じ。リップとかのメイクアイテムを入れてます。

ぶたのポーチ
（友達からのもらいもの）
お薬とかを入れる用。友達が、なんでもない日にくれました。そういうのってうれしい♡

靴とかばんのこと

靴に関してはノールール。気に入ったものを履くタイプ。
ヴィンテージも、ルブタンのパンプスも、スニーカーも好きです。
でも女性らしいデザインに惹かれる傾向にはあるのかな。
ヒールだったり、ミュールだったり、ローファーとかブーツが多い。
洋服がカジュアルだったら靴を大人っぽくしたり、その逆もまたしかり。
靴で全体のバランスを取っているのかも。

かばんは洋服に合わせてサイズを使い分けます。
中身は基本的に変わらず、そのまま詰めかえるだけ。
かばんがすごく小さいときはお財布と鍵とリップ1本。携帯は手持ちします。

めがね、らぶ

とにかくめがねが大好きで、このページは「めがねをたくさんかけたいです！」って、お願いして作りました。あぁ～幸せ。サイズとか、フレームの素材の違いとか、ちょっとの差で印象がこんなに変わるなんて。めがねって奥が深い～。その日の気分とか、お洋服に合わせるのも楽しい。いろんな自分に出会える気がして、わくわくしちゃう。

美桜顔百貨店

いらっしゃいませ

ご来店ありがとうございます。
こちらは今田美桜のメイクパーツをご紹介する、
総合ビューティ百貨店。

どのフロアからでも、
お好きなところからぜひお立ち寄りくださいませ。

一階

眉と目のフロア

眉は濃くくっきりと、目元は直線的なフォルムにするご紹介

【眉】 リキッドタイプの眉ペンシルで眉山～眉尻をシャープに整えましたら、眉頭から全体に濃いめの眉用パウダーを重ねてくっきりとした眉に仕上げます。

【目】 漆黒《しっこく》のペンシルアイライナーで、下まぶたの目頭～黒目の真ん中辺りまで、インサイドラインを引きます。次に、上目尻側に黒い液状アイライナーでスッと横長のラインを引きまして、丸い目のかたちを直線的に錯覚させせます。まつ毛はカールさせず、黒いマスカラを上下に塗布すれば完成です。

本日の目元は、NOT甘めなハンサム仕立て

美桜からのおことづけ

ほわっと薄めで眉山がしっかりある眉は、完全にお父さん譲り。学生時代は丸みのあるかたちに憧れて一生懸命整えたりしてたけど、今はナチュラルな状態が気に入ってます。逆に目はもともと丸くて童顔に見られがち。だから今回は、あえてハンサムなメイクにしてもらいました。眉も濃くしっかりめに、アイラインもここまでガツンと引いたことはなかったけど、さすがはプロの技。「部分的に引けば良いのか！」と納得しちゃいました。ちなみに私の目は横から見たときにすごくカーブしているらしく、よく「目飛び出てるよ！」なんて突っ込まれてます（笑）。

二階

肌
のフロア

塗るものはごく薄く、部分的に。それがさらすべ肌の秘密のレシピ

ベースメイクの始まりは、スキンケアでしっかりと保湿を行うことから。うるうると肌が満ちましたら、ファンデーション下地を眉間と両あごに馴染ませます。次に鼻まわりなど毛穴が気になる部分にだけ、カモフラージュする専用下地を塗りこみましょう。そして薄づきのクッションファンデーションを少量ずつパフにとり、ポンポンと下地と同じ場所にのせてゆきます。目の下などくすみの気になる部分にコンシーラーをのせたら、はい、出来上がり。

さらり、すべすべ、オトナ肌

美桜からのおことづけ

ツヤがほんのりあって、スルスル～っとした触り心地のソフトマットな肌が好き。どこか風通しが良さそう……というか。ちゅるちゅるっとしたツヤ肌ももちろん素敵だけど、水がサラサラと流れていきそうな仕上がりが自分らしいのかなと思ってて。どうも若く見られがちなので、落ち着いた印象にしたいのかもしれないです。

三階

唇のフロア

輪郭をくっきり、インパクトのある唇を目指しましょう

目にも鮮やかな朱色のリップスティックで一度直塗りした後に、リップブラシにたっぷりと取り、輪郭を美しく整えていきます。唇の山は少し丸みをもたせ、口角へつながる直線ラインはキリリとシャープに。そうすることで、自然とメリハリが生まれます。さらに下唇はややオーバー気味に曲線を描きますと、ぽってりとした印象が高まります。

メイクの王様、リップは私をつくる鍵

美桜からのおことづけ

化粧品の中で一番リップが好きなんです。その気持ちが伝わるといいなと思って、わざと主張させたメイクにしてみました。普段お仕事のときは赤リップをつけることが多いけど、最近はもっとミカンっぽいオレンジとか渋めのブラウンを使うことが多いです。家にはいろんな色のリップが50本くらいあって、整理しようと思ってケースを買ってみたけど、結局しまう場所がなくてそのままに。なんせ性格がザツなもので……塗り方もブラシなど使わず、ガーッと直塗りしがち（笑）。

四階

髪のフロア

子どものころから憧れた、夢のボリュームヘア

髪の多さを堪能する、ボリュームヘアを作ります

多い髪を落ち着かせるのではなく、根元にボリュームアップミストをシュシュッとふきかけまして、ドライヤーで乾かしながらわざとゴワついた質感に仕立てておきます。お次はクセ付け作業。毛束をざっくりと取りまして、19㎜のヘアアイロンに巻き付けたらすぐに外します。こうすることで髪全体に熱が当たりすぎないため、不規則でラフなウェーブが作りやすいのです。全体を巻き終わったらコームで所々逆毛を立て、ボリュームが更に出ましたら、これまたボリューミィなカチューシャで飾りましょう。

美桜からのおことづけ

私、髪の毛の量がすっっっごい多いんですよ。毎回ヘアメイクさんが抑えるように上手にスタイリングしてくれるんですけど、一度ポニーテールをしたときにゴムがパーーンッて切れちゃったことがあったくらいで。だから今回は、この毛量を思いっきり生かして、とことんボリュームのあるヘアに挑戦！ これ、実はずっとやってみたかったんです!! 念願のダウンスタイル……すごく楽しかったなぁ。

information

美桜顔百貨店のお洋服

一階

眉と目のフロア

コート¥110000、ブラウス¥38000
（ともにY's PINK）／ワイズ プレスルーム
イヤーカフ¥14000、シルバーチャーム（予定価格）¥9000、
ゴールドチャーム（予定価格）¥9000（すべてファリス）／
スタニングルアー 青山店
その他／スタイリスト私物

二階

肌のフロア

ハイネックブラウス¥34000（YOHEI OHNO）／
エスティーム プレス
フリルブラウス¥43000／någonstans
イヤリング¥16000（IRIS 47）／Hooves
その他／スタイリスト私物

三階

唇のフロア

タートルトップス¥9800／メゾン スペシャル
プルオーバー¥39000／någonstans
ブローチ¥23000（ケネス ジェイ レーン）／
シティショップ

四階

髪のフロア

カチューシャ¥19000（フラッパー）／ショールーム ウノ
チョーカー¥138000（ソフィー ブハイ）／
スタニングルアー 青山店
リング（右手）¥11000（IRIS 47）／Hooves
リング（左手薬指）¥16000（ルフェール）／UTS PR
その他／スタイリスト私物

面倒くさがりなりに美容やってます。

ストイック、なーんて言葉とは無縁。ちょっぴりザツで面倒くさがりだけど続けてる、キレイのためのあんなことや、こんなこと。

method

1

1日2回、毎日鏡でボディチェック

これはお仕事を始めたときから続けていて、朝起きて着替えるときと夜お風呂に入るときに、下着のままチェックするのが日課に。見るだけでもすぐ身体の様子に気付くもので、食べすぎちゃったかもって、気を付けるきっかけになるんです。特に、太ももと背中の感じが自分にとっての判断しやすいバロメーターかも。

美顔器しながらソファーでごろり

method 2

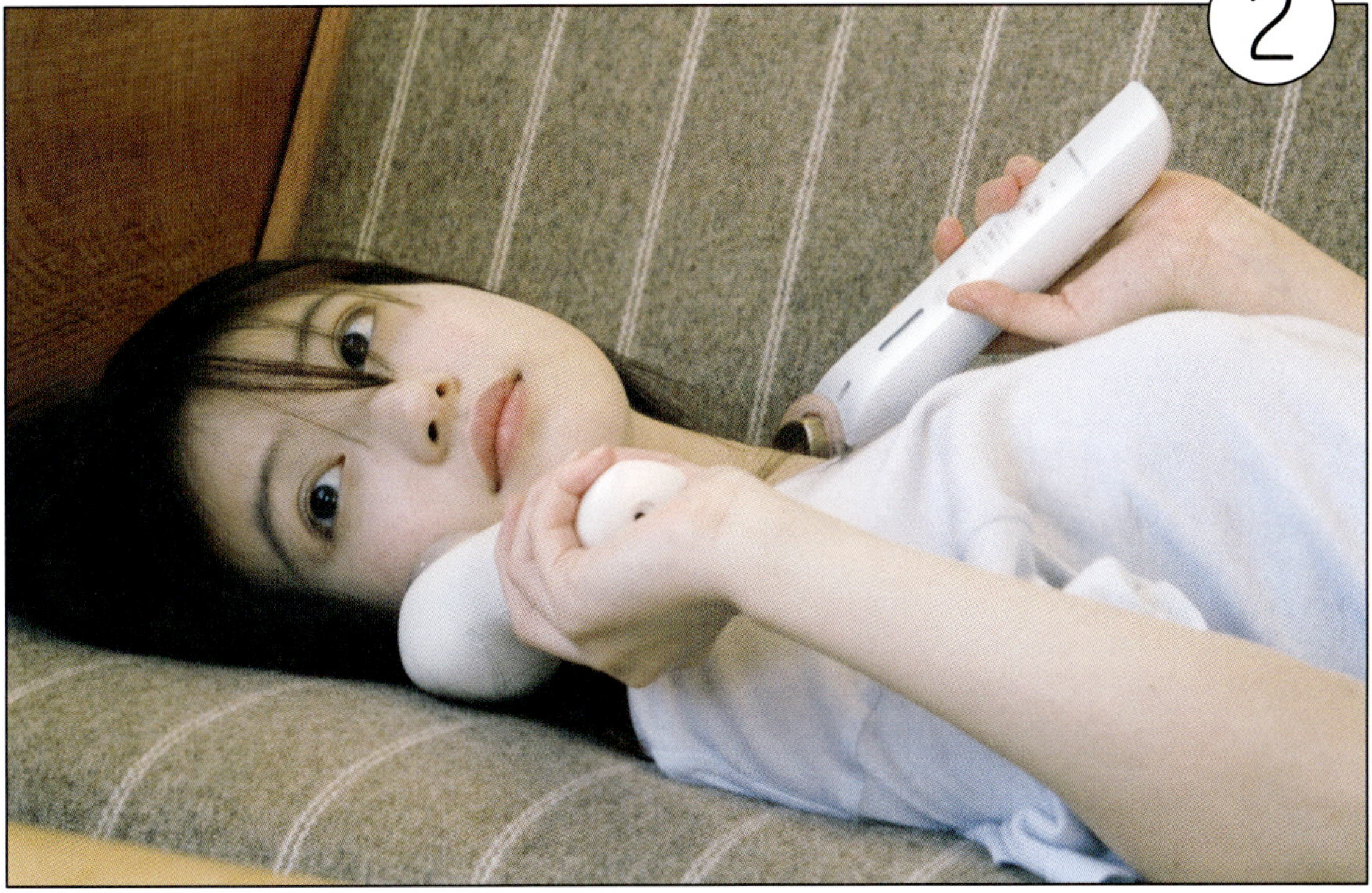

美顔器でリフトアップケアをしているけど、もう本当に面倒くさがりなので、曜日や回数を決めているわけじゃなく、完全にキブンです(笑)。愛用しているのは、リフトアップに特化している２つ。イオン導入とかもできて万能なベレガの『セルキュア４Tプラス』と、温めてグッと肌を引き締めてくれるパナソニックの『RF美顔器 EH-SR70』。ソファーでごろごろしながらするくらいが、続けられる秘訣みたいです。

お風呂あがりに脚マッサージ

method 3

普段はクリーム、冬場や乾燥がひどい日はオイルをつけて滑りを良くしてから、手をグーにしてゴリゴリゴリゴリ……ってマッサージしてます。肌がうっすら赤くなるくらい強めが定番。太ももはセルライトを潰すイメージで、両手でぎゅうぅぅ～って絞ったりも。こんな感じで。毎日お風呂からあがって髪を自然乾燥させつつ、30分くらいマッサージをしてるかも。そのあとにストレッチ。女性らしいなめらかな、ちょっと引き締まった身体になれたらいいなぁ。

method

4

食べすぎたら野菜の出番。貧血防止に毎朝プルーンを摂取

食べ続いたかも!ってときは、昼も夜もサラダにして調整することが多いです。お野菜はおばあちゃんちの畑で作ったものを送ってもらったりすることもあるけど、キュウリがズッキーニかと思うほど大きかったりするんですよ(笑)。基本的に無理なダイエットは絶対に向いてないので、これも気が向いたときに。ただ、唯一毎日欠かせないのがプルーンのヨーグルトドリンク。実は病院に行くくらい貧血がひどくて、鉄分を補うために、毎朝飲むようにしたらすごーくラクになりました。

スキンケアは、ベッタベタになるくらい保湿重視！

ものすごい乾燥肌なので、何が何でも保湿が大事。刺激を与えないように、絶対に手でつけるのもこだわりかも。夜はとろみ系の化粧水をたっっぷり染み込ませて、オイルか美容液をつけたあとにクリームを塗って、ベッタベタになるくらい保湿して寝てます。朝は少し軽めのシャバシャバ系化粧水を大量に入れ込んで、クリームは控えめに。パックやスチーマーとかはごくたまにする程度で、とにかく化粧水を大量につけるのがいい感じ。スキンケアの流れで顔をマッサージするんですけど、フェイスラインはゴリッと強めに。あとは耳をぐるぐる回したり、耳のつぼを押すとすっきりします。

method
5

でも……なんだかんだ美容には、寝るのがイチバン!!

寝ることが本っ当に大好きで幸せで、次の日がお休みなら午後2時くらいまで寝ちゃうときも。睡眠不足だと途端に顔色が悪くなったり、顔全体が疲れた印象になっちゃうので、美容にはすごく大事だなって思ってます。理想は、12時間睡眠！　ただ寝すぎるとむくんじゃうので、ほどほどにしないといけないんですけどね……。ちなみに寝相はよくも悪くもなく、中間くらい。仰向けで寝れないので、いつも横向き派。そして眠たいと、機嫌がちょっと悪くなるタイプです（笑）。

method
6

大好きな永野芽郁さんとおしゃべり♡

単純なのよ、私たちは
——芽郁

美桜 今日は来てくれてありがとうございます♡
芽郁 友達との対談的なページなんだよね？ 本当に私でいいの？
美桜 もちろん。というかこちらこそ、声かけて大丈夫だった？
芽郁 いや、うれしいうれしい！ すっごくうれしいよ！
美桜 芽郁は、数少ない何でも話せる仲かなって思ってお願いした。
芽郁 実は私も、ほんっとに数少ない友達だと思ってるんだよ。
美桜 そう、私もぜんっぜん、いないんだよね、友達。
芽郁 あの、そんなに強く言わなくてもいいから（笑）。
美桜 心を許している存在だから、芽郁に来てほしかったの。
芽郁 うん、ありがとう♡
美桜 出会ったのは、ドラマ『僕たちがやりました』の現場だよね。
芽郁 うん。たしか、学校のシーン。
美桜 芽郁は、最初からフランクだった。先に芽郁が撮影をしてて、私が入ったらぱーっと来てくれて「もうご挨拶しましたっけ。永野芽郁です！」って。
芽郁 ご挨拶しましたっけ？って聞きながら「永野芽郁です！」って言っちゃってるんだ（笑）。
美桜 言っちゃってた（笑）。
芽郁 友達役だし仲よくなれたらいいなって。積極的に話しかけていこう！という気持ちでした。
美桜 すごくうれしかったんだよ。
芽郁 美桜は人見知りだもんね。人によっては壁があるように見えちゃうかも？ってくらい（笑）。実際はそんなこと全然ないんだけど。
美桜 そうかも。最初は相手から来てくれないとなかなか話せない。話しかけてくれる人に対して、「近いな」って感じたらスッと横に行ける感じなの。だから芽郁のほうから来てくれてよかったなって思う。
芽郁 たくさんアプローチしてよかったー。『僕やり』の現場、そんなにかぶってなかったけど、自然に仲よくなれたよね！
美桜 そこからご飯に行くようになったね。さらに距離が縮まったのはドラマ『3年A組ー今から皆さんは、人質ですー』で共演してからかな？
芽郁 『3年A組』撮影中は、基本ずっと一緒にいたよね。
美桜 待ち時間にしゃべったり、ごはん一緒に食べたりしたね。

芽郁　なんか気づいたら隣にいる、みたいな感じだった（笑）。

美桜　話題は、昨日あれ食べたとかこれ買ったとか、くだらないことばっかだったけど。

芽郁　ほとんど毎日撮影があったから、近況報告というかもはや「昨日の報告」をし続けてた（笑）。

美桜　なんかさ、笑いのツボも似てるよね。くだらないことで、もうずっと笑っていられる。

芽郁　そう。単純なのよ私たちは。ひねったところで笑うんじゃなくて「なにそれ！」みたいな普通のツッコミしながら永遠に笑ってる。

美桜　うん。素直に、生きてる。

芽郁　素直に生きてる!?　急に話を大きくしたね（笑）。

美桜　素直に笑っています。まじで、しょうもないです。

芽郁　ほんとにそうね。

私を福岡に連れてって♡　——芽郁

美桜　このあいだごはん行ったときも、くだらないことでずっと盛り上がってた気がする……。なんだっけ？

芽郁　色鬼を始めたんだよ、急に。

美桜　そうだ！　岡崎紗絵ちゃんもいて、お店を出た帰り道で……。誰が始めたんだっけ？

芽郁　紗絵ちゃんだよ。

美桜　そうだ。紗絵ちゃんだ。

芽郁　いきなり紗絵ちゃんが「色鬼タッチー!!」って言い出して、美桜も「いえーい！」ってスムーズに入ってきて、私は「え？　え？」って戸惑いつつ参加（笑）。

美桜　そうそう、そうだった！

芽郁　私はその日カラフルなカーディガンを着てたから、2人にタッチされまくるっていう……。

美桜　あの日、楽しかったなー。

芽郁　そのあともなぜか、鬼ごっこの種類の話で盛り上がった（笑）。

美桜　氷鬼？

芽郁　そう。バナナ鬼とか。

美桜　バナナ鬼ってなんだっけ？

芽郁　こないだも説明したよ！

美桜　覚えてない（笑）。会ったのさ、1週間前くらいだっけ。

芽郁　そうだと思う。……私たち、めっちゃ会ってるよね。

美桜　友達の中でも、かなり会うほうに入るかも。

芽郁　私もだよ。月に2回くらいは会ってるね。お互いのスケジュールを完全に合わせて、月2回。

美桜　いつもごはん行って、しゃべりすぎて気づいたら閉店みたいな。

芽郁　ねぇ、だから行こうよ、そろそろ旅行！　計画ばっかりして、1回もまだ行けてない！

美桜　行きたいほんとに！　どこ行こうって言ってたっけ。福岡？

芽郁　うん。早く連れてって♡

美桜　え、じゃあ今週末行く？

芽郁　待って、行けるかも……!!

美桜　金土はどう？

芽郁　あぁ～金曜日はだめだぁ。

美桜　残念～。じゃあ今度ね。あと、前に話してた山梨に行く計画も絶対実現させたい。コテージを借りて、枕投げするんだよね♪　盛り上がりそう。

芽郁　数分盛り上がるけど、いきなり静かになりそうだよね。

美桜　たしかに（笑）。ごはんのとき

も、お肉とか出てきたときにわー！って盛り上がったら、そのあとすぐ食べることに集中してシーンとする。

芽郁 私たちのオンオフは、激しい。

しっくりくる言葉はなんだろう ――美桜

芽郁 美桜とはテンションの波が似てると思う。あとは物事の考え方とか感じ方もけっこう似てる気がする。

美桜 あ、そうかも。

芽郁 たとえばドラマの現場で何かを思ったとき、パッて美桜のほうを見たら、同じ顔でこっち見てる、みたいなことよくある（笑）。

美桜 そうそうそう！ 同じことを思ってる顔の芽郁と、目が合う。

芽郁 ふふふ。あと誰かの話の受け止め方というか、〝自分はこうとらえる〟っていう感じ方も同じ気がする。

美桜 うんうんうんうん！

芽郁 だからかな、一緒にいてすごく楽なんだよね。

美桜 わかる～。

芽郁 一緒にいて心地いいって思える、本当に貴重な存在。

美桜 うん、なかなかそういう友達ってできない。私は地元が福岡だから、東京でこんなに深い仲になれる人と出会えるって正直、思ってなかったの。だからうれしい。

芽郁 人間関係の中で、いちばんいい距離感だなって思う！

美桜 仲よしだけど、干渉はしすぎない、ゆるい、みたいな？ ……なんて言えばいいんだろう。

芽郁 とはいえ、けっこう美桜のこと知ってると思うんだよね、私。

美桜 そうだと思う。

芽郁 そして、美桜も私のことをけっこう知ってると思う。

美桜 うん。知ってる。

芽郁 距離は近いけど、近いなりに気をつかってる部分もあって、その相性がいいのかな。

美桜 そうね。私たちにいちばんしっくりくる言葉って、なんだろう。

芽郁 う～ん。

美桜 私、芽郁にしか話せないこともたくさんあるよ。

芽郁 ……うれしいなぁ。私のことをそんなに信用してくれて、私に話してくれるっていうことが！

美桜 あ、それだ！「信用」！ 芽郁のこと、めっちゃ信用してる。

芽郁 うれしいな。ありがとう。

私を救ってくれたひとこと ――美桜

美桜 『3年A組』のときにね、私の大事なシーンの撮影前日にメールくれたの、覚えてる？

芽郁 うん。

美桜 緊張しちゃって、どうしようかなーってずっと、考え込んじゃってたの。そしたら芽郁が「あんまり気をはらずにね」ってメールをくれて。それでスッと気が楽になったんだ。本当に救われた。

芽郁 あのときね、きっと美桜は今すごくいろいろ考えてるだろうなって、なんとなくわかったの。現場に行ったらみんなの視線を感じなきゃいけないし、それでさらに考えすぎちゃってしんどくなることもあるかもなって思って、前日にメールしてみた。私はいつもどおりの美桜が、美桜らしくて好きだなぁと思ったから。「なんかあったら私がいるし！」って。だから、そのままの美桜でいてほしかった。

美桜　……今、鳥肌立っちゃった。感動して。お芝居の世界で芽郁は先輩だし、そういう頼もしいところ、心から感謝してる。「なんかあったら私がいるし」って思ってくれるの、もう本当にすごいよ、芽郁。

芽郁　いやいや全然大げさなことではなくてね。たとえばもしNGで「もう一回」ってなってちょっと空気が変わったとしても、私がその空気を和ませることができるかもしれない。だから構えすぎなくていいのよーっていうのを伝えたかった。

美桜　本当に、ありがとう。

芽郁　っていってもあのシーン、始まってみたらふつうに最高だったけどね。「おいおい！　全然大丈夫じゃないか！　何が緊張するだぁ!?」って思いましたよ、私は（笑）。

美桜　いやいや、芽郁のあの言葉があったからだよ〜〜!!

もうひとりの自分かもしれない　——芽郁

芽郁　私も美桜に助けられてるからね。美桜はいつも、それが欲しかったっていう言葉をくれる。

美桜　ええ、そう？

芽郁　私の「こう思うんだよね」って話に対して、美桜は「私もそう思うよ」って言ってくれる。意見が合うから話しやすいんだけど、「でもこうしたらいいんじゃない」っていう客観的なアドバイスもちゃんとくれるよね。美桜は、もうひとりの自分っぽいかもなぁ。客観的視点で見てくれる、もうひとりの自分。

美桜　それは私も。自分が考えてることに自信がないとき、芽郁に話すと同意してもらえて、「あ、やっぱこれでいいんだ」って自信が持てたりするよ。

芽郁　美桜は、何かアドバイスするときも、「私だったらこう思うけど、どうかなあ？」っていう優しい言い方なの。「あ、今、私を思いやって言葉を選んでくれたな」って感じられる。だから、すんなり入ってくるんだよ。

美桜　うれしい。でも、芽郁もそうだよ。似てるのかもしれないね。

芽郁　そうなのかなぁ。

美桜　うん、そう思う。

芽郁　美桜の素敵なところ、まだまだいっぱいあるよ！　まずね、こんなに可愛い顔をしてるんですよこの人は。この見た目だったら普通もっとこう、自信満々になるものでしょ？

美桜　何を言うのいきなり（笑）！

芽郁　でもね、美桜はところどころ自分に自信がない。「私でいいのかな」って。でもそれこそが、美桜をもっと魅力的にしてる部分でもある気がするの。うーん、上手く言えないけど！

美桜　照れる！

芽郁　内面でいうと、真ん中に立ってリーダーシップを取るのは苦手だから、本当は端っこにいたいタイプ。だけど、出ていかなきゃいけないときは出ていく使命感を持てる人。人のためになら動ける。でも自分のことだと臆病になる。って感じかな。合ってる!?　そんな美桜が好きだよ。

美桜　すごーい！

芽郁　おっ。自分のことを、すごいと思えた？

美桜　いや、芽郁が占い師みたいだなって思った「すごーい」です。

芽郁　もう！　すごいんだよ、あなたは。気づこうよ！

美桜　恥ずかしい……。でもうれしい、そんなに見てくれていて……。

芽郁　いつも見てますよ♡

美桜　あははは。恥ずかしいー。

芽郁　ファンのみなさんが知らないことも知ってますよ♡　たとえば、男っぽいところとか。

美桜　……よく言われます。

芽郁　ちなみに私より男っぽいよ。

美桜　えぇーっ!?　あ、ごめん。めっちゃ驚いちゃった（笑）。

芽郁　私とは男っぽさの種類が違うかもしれないけど。使命感とかも含めてね。見た目も声も可愛らしいのに、違うと思ったら「それは違う！」って言える強さがある。

美桜　そういう芽郁も、使命感はたぶん人一倍あるよね。いろんなことを自分ひとりでやろうとして抱え込むところない……？

芽郁　えっ……。

美桜　しっかり周りを見て、自分の立ち位置とやるべきことを分析して、使命を果たすぞ！っていう気持ちが強いと思う。素敵なことだけどたまにちょっと心配になるときもある。がんばりすぎないでねって。抱え込みすぎないでねって。

芽郁　やー、そんなそんな。美桜はいつも心配してくれて、優しい……。でも大丈夫だよ！　美桜に会って話すと気持ちが楽になる。

美桜　よかったぁ。

芽郁　ちょっとしんどいかもってとき、「もう、がんばりすぎ！」って言ってくれるよね。その言葉に私も助けられてるんだよ。

私は美桜の応援団長だからね　——芽郁

美桜　でもさ、こんなに改まってしゃべることってめったにないから……あっ、泣いちゃいそう。

芽郁　泣かないでー。

美桜　さっきも言ったみたいに、数少ない、いい関係でいられる友達だと思ってるから、これからも仲よくしてくださいね。

芽郁　仲よくしよー♡

美桜　やりたいこともいっぱいあるし、いろいろ実現しよう！

芽郁　うん！　日々環境は変わっていくけど、美桜とは同じ関係性でいられそうな気がするの。それが心地いい。これからもね、美桜をよき友人として支えていけたらと思っております。

美桜　よろしくお願いします。

芽郁　ありがとうございます。

美桜　本当に今日は来てくれてありがとうね。うれしかった。

芽郁　こちらこそだよ。最後に、ファンのみなさんに伝えたいんだけども！　美桜は、本当にいい人だから！　急にざっくりまとめたけど（笑）！　とにかくいい人だから、みんなにもずっと応援してほしいです。

美桜　誰なの（笑）。応援団の人？

芽郁　え、そうだよ。私は美桜の応援団長だよ。知らなかったの？　みなさん、一緒に応援しましょうね。絶対に損はさせません！

ふたり　あはははは！

私の好きなもの。

10

ごはんかパンかって聞かれたら、パン派。今田家の朝食は食パンで、各自で焼くルールでした。お母さんがとにかくパンが好きで、昔からパンを手作りしてくれていたんです。そんなお母さんが2019年の4月、念願のおやつ屋さんをオープン。そこのカレーパンがいちばんの好物です。生地が薄くて、具が多くて。時間がたっても、レンジでチンすればカリカリ。何種類かあるのですが、枝豆入りが個人的にはベストな美味しさ！

今田家定番カレーパン（おやつSTAND IMADA082）

Q&A

よく聴く音楽のアーティストは？

宇多田ヒカルさんが好きだ。

コンビニでつい買ってしまうものは？

ホットスナックのからあげ！

次に行ってみたい海外の国は？

スペイン行きたいな。

今、いちばんしたいことを直感で教えてください。

ラーメン食べたい……

スマホで写真を撮るときのこだわりは？

全くない！

マイブームは？

シャツかな。

ストレス発散法を教えてください。

寝ること食べること泣くこと。

つい集めてしまうものは？

シールとポストカード集めちゃう。

スマホの待ち受け画面はどんなものにしてる？

まっしろっけ！

言われてうれしい褒め言葉って？

魅力的だね、個性的だねって言われたらうれしいかも。

口癖ってありますか？

だけんさ（方言）

福岡に帰ったら必ず行く場所は？

大名！

好きな色は？

白、黒、赤、青

最近いちばん笑ったことは？

男性マネージャーさんが、モーニング娘。の『恋愛レボリューション21』のダンスをしていて上手すぎて爆笑しました。

最近買ってよかったなと思うものは？

ソーダを作る機械！

仲よしの友達によく言われることは？

笑い方が変。

よく使う絵文字は？

呼ばれたいニックネームはありますか？

なんでもいいかな。

福岡のよさをPRしてください！

食べ物おいしい！
安い！ 空港が近い！

高校時代、印象に残っていることは？

売店のからあげポテトと
体育祭！

授業中死ぬほど眠いとき、どうしてましたか？

寝ちゃってた、、、（笑）

普段のメイクでいちばん時間をかける箇所は？

スキンケア！ 保湿をしっかり。

小顔になるマッサージなどでおすすめの方法はありますか？

リンパの流れに沿って
やること。

プチプラコスメって使いますか？

使う！

肌が荒れちゃったとき、どうしてますか？

メイクは極力すぐに落として、
肌を休ませることを心がけてる！

ヘアカットのときのオーダーは？

髪質を分かってくださってる方に
お任せでお願いしてるよ！

インスピレーションを受けるものは？

小説かなぁ。

最近食べて感動した、美味しいものは？

淡路島のうに!!

福岡のおすすめスポットを教えて！

天神もだけど、太宰府天満宮とか
糸島とか、海の中道もおすすめ！

「これって方言だったの!?」と驚いた福岡の言葉や言い回しはある？

なおす！！！！！
（片づけるって意味）

ごはん派？ パン派？ 麺派？

パン派。んーでもごはんも好きだ
し麺も好きだし全部かな！

犬派？ 猫派？

犬派だったんだけど、
最近猫派になりつつある。

目玉焼きの味つけは？

圧倒的塩コショウ!!!

好きなものは最初に食べる？ 最後に残す？

最後に残したいのに我慢できなくて、真ん中くらいで食べちゃう！

いちばん思い出に残ってる家族旅行は？

よくみんなでキャンプに行ってたからキャンプかな。みんなでテント張ったりごはん作ったり！

好きな男性のファッションは？

シンプル！ だけど似合ってたらなんでも。

お部屋のテイストはどんな感じですか？

白っぽいかな。

生まれ変わるなら何になりたい？

もう1回女の子になりたい！

自分に自信を持つにはどうしたらいいと思う？

私もなかなか自信を持てないほうだから難しいけど、まず、自分を好きになることかなと思う。

ポジティブ、ネガティブ、どちらかというとどっちですか？

ネガティブ!!!

くじけそうなとき、どうやってがんばりますか？

誰かに勇気をもらう！

座右の銘は？

8勝7敗

自分の人生の中で大切にしていることは？

大事な人！

何をしてもうまくいかないときが、美桜ちゃんにもありますか？ そんなときはどう過ごしますか？

もちろんあります。頭の中ぐちゃぐちゃになって、わ――って八つ当たりしちゃうこともある。どう過ごしたらいいのか、私もまだ探し中です。

傷ついたときの立ち直り方、考え方を教えてください

とにかく泣く。

人生に悩んだときなどに励まされる言葉は？

「飾らずイマの美桜で行きな!!」事務所の方にかけてもらった言葉です。

嫉妬とか、誰かをうらやましいと思うことはありますか？

あんまりないかも。

地球滅亡しちゃうってなったら最後の１日は何しますか？

何しよう！ とりあえずお肉食べる！

人生で絶対に経験したい！ ということは？

子どもはほしいな。

人と接するとき心掛けていることありますか。

あいさつかな。

ときめきを与えてくれることはなんですか？

美味しいごはん！

好きな動物は？

犬とか猫とか好きです！

高額の宝くじが当たったらどうしますか？

欲しいもの買いまくりたいなー。

これを得意なことにしたい！ というものは？

片づけ得意になりたい。

いま山の上から叫ぶなら？

とりあえず、あーーー!!って言いたい。

１人行動、平気なほうですか？

焼肉とかは行ったことないけど、１人でごはんとかお買い物行くの全然平気！

どんな香りが好きですか？

さわやかな香りとか、お花の香りとか。

無人島に何か１つだけ持っていくなら？

信頼してる人！ 連れて行く！

朝食はどんなものを食べることが多いですか？

寝るの優先だから、あんまり食べない！

妹さんとは仲よしですか？

前はよく喧嘩してたけど、今は仲よし!!

好きなおにぎりの具は？

海老マヨ！

プチ自慢を教えてください！

「プチ」ではないけど。すごく人に恵まれてる！ 本当に。ありがたいです。

『花晴れ』の中で一番好きなシーンは？

音とメグリンと紺野さんと愛莉のたこ焼き女子会！

今回L.A.の撮影で印象に残った場所は？

ジョシュアツリー！　巻頭のページを撮影したところだよ。L.A.ならではの壮大な景色が見られて素敵だった！

女優を始めた頃から今までで、自分のここが変わったなと思う部分は？

痩せました！（笑）

撮影などのお仕事の合間って何をしてますか？

台本見たり、ボーっとしてたりする！

自分の作品はよく見返しますか？

あんまり見返さないかな。

緊張したとき、どうやってほぐしてますか？

緊張したままどうすることもできず、、（笑）

女優になってよかったと思うことは？

新しい自分を発見できたりすること！

このお仕事を始めて、一番驚いたことは？

スタジオのセット。リアルで細かいんですよ。

泣く演技のときに考えていることは？

役とその場の空気を感じます！

セリフはすぐに覚えられるほうですか？

すぐには覚えられないけど、ぶつぶつ言ってます！

忙しい日々の癒やしってなんですか？

寝だめとマッサージ！

1ヶ月お休みができたら何しますか？

海外行きたーい！

美桜ちゃんの思う、「素敵な女性」とは？

意志があって、マイペースすぎないけどいい意味でマイペースな人。

お仕事のスイッチが入るのはいつ？

いつだろう！　わかんない！

どうしたらチャンスを掴めると思う？

諦めないこと。

お仕事を頑張ろうと思う原動力は？

お仕事を好きな気持ち。

最近、うれしかったできごとは？

この本で、L.A.に行って撮影できたこと！

私の好きなもの。 11

お花と花瓶

子どもの頃からお花が大好き。自分の名前の桜はもちろん、バラやかすみ草も好きです。いただいたお花をドライフラワーにしたりもします。ふと思ったんですけど、南国チックな明るい色のお花や不思議なかたちのお花とか、最近すごく増えた気がしませんか(笑)? 気のせいかな。

大好きなお花を活けるための花瓶は、可愛いものがあるとつい買っちゃいます。今は7、8個あるかな。いちばん気に入っているのはオレンジの壺みたいなもの。福岡にある花瓶屋さんが東京でポップアップをやられていたときに買いました。

Staff List

Photography

Ittetsu Matsuoka Cover, P1-53, P56-58, P64, P65-69 (background), P82-95, P97, P103, P106, P109, P113-126, P128
Kyosuke Azuma P65-69 (model), P70-71
Bungo Tsuchiya (TRON) P74-81
Takehiro Uochi (TENT) P57, P72-73

Styling

Eri Takayama Cover, P1-53, P56-57, P82-91, P106, P109, P113-126, P128
Mizuho Matsuda P74-81, P92-95 (Mio)
Natsuki Takano P92-95 (Mei)

Hair&Make-up

Aiko Tokashiki Cover, P1-53, P56-57, P74-81 (Make-up), P82-95, P106, P109, P113-126, P128
KOTARO (SENSE OF HUMOUR) P74-81 (Hair)
Eriko Ishida P92-95 (Mei)

Production Coordinate (L.A.)

Eri Beverly (TEAM LA LLC)

Book Design

Motofumi Nakashima

Text

Miki Higashi P92-96
Yukiko Yoshikawa P106-112

Composition

Maiko Doba P65-69
Kazuko Moriyama P76-85

Edit

Tomomi Tobitani
Asako Sugiura

Cooperation

Marii Matsuoka
Naoto Yamazaki
Ayaka Sato
OYATSU STAND IMADA082

Special Thanks

Mei Nagano

Artist Management

Shingo Ogawa,
Akino Asato, Natsuki Sakamoto (Contents 3)

Produce

Hirokazu Sano (Tanabe Music Publishing Co.,Ltd.)

Exective Produce

Hideaki Mizuno (Contents 3)

ShopList

P26, P37
ブラウス、ショートパンツ(ともにJ&M デヴィッドソン)/J&M デヴィッドソン 青山店

P28-29
usedボーダーカットソー(原宿シカゴ 原宿/神宮前店) ショートパンツ(トミー ヒルフィガー)/トミー ヒルフィガー カスタマーサービス 帽子(トラディショナル ウェザーウェア)/トラディショナル ウェザーウェア 青山ウィメンズ店 サンダル(サイモン ミラー)/エドストローム オフィス

P30-33
ポロニット(カレンテージ)/ブランドニュース usedスラックス/Fizz Look

P34
Tシャツ(ラグ & ボーン)/ラグ & ボーン 表参道 usedサンダル/Fizz Look

P38-39
ワンピース(イーチ アザー)/イーストランド usedサボ/Fizz Look

P41
リネンシャツ(サイモン ミラー)/エドストローム オフィス スカート(トラディショナル ウェザーウェア)/トラディショナル ウェザーウェア 青山ウィメンズ店

P42-43, P51, P54-55
ヴィンテージのスウェット/Fizz Look ショートパンツ/windsky

P44, 47
ワンピース(シー ニュー ヨーク)/ブランドニュース

P46
Still:ハートモチーフサンダル(ジュゼッペ ザノッティ)/ジュゼッペ ザノッティ ジャパン レースパンプス(ジミー チュウ) Tストラップ PVCサンダル、黒の鋲付きサンダル(ともにクリスチャン ルブタン)/クリスチャン ルブタン ジャパン
Model:サンダル(サイモン ミラー)/エドストローム オフィス

P48
Gジャン(トミー ジーンズ)/トミー ヒルフィガー カスタマーサービス Tシャツ(ステューシー)/ステューシー ジャパン

P74
右上:めがね¥52000(AHLEM)/グローブスペックス エージェント シャツ¥74000(ウィンドー 00)/ショールーム ウノ リング¥32000(IRIS 47)/Hooves

右下:サングラス¥44000(Anne et Valentin)/グローブスペックス エージェント ドレス¥71000(ROSETTA GETTY)/メゾン・ディセット ストール¥36000(シャーロット シモーヌ)/ショールーム ウノ

左上:めがね¥21000(レイバン)/ルックスオティカジャパン デニムベスト¥29000(YOHEI OHNO)/エスティーム プレス イヤリング¥10050(イリア アシミネ)/4K リング(人差し指)¥16000、(薬指)¥11000(ともにIRIS 47)/Hooves

左下:サングラス¥39000(GLOBE SPECS)/グローブスペックス エージェント シャツ¥49000(エアロン)/コロネット チューブトップ¥92000(ROSETTA GETTY)/メゾン・ディセット ネックレス¥26000(IRIS 47)/Hooves

P75
右上:めがね¥45000(カトラー アンド グロス ヴィンテージ)/ブリンク トップ¥32000、タンクトップ¥39000(ともにフォルテ フォルテ)/コロネット チョーカー¥10000(マライカ ライス)/シティショップ イヤリング¥17000(IRIS 47)/Hooves

右下:めがね¥36000(1880)/ブリンク 半袖ニット¥17000(スタニングルアー)/スタニングルアー 青山店 ブラトップ(黒のTシャツとセットで)¥13800/メゾン スペシャル ハット¥15000(シャーロット シモーヌ)/ショールーム ウノ

左上:サングラス¥29000(Scye SPECS)/グローブスペックス エージェント ジャケット¥31000、タートルネックトップ¥6000(ともにアンダーソン ベル)・イヤーカフ(細)¥12000、(太)¥15000(ともにルフェール)/UTS PR

左下:めがね¥52000(AHLEM)/グローブスペックス エージェント ドレス¥126000(ROSETTA GETTY)/メゾン・ディセット ノースリーブトップ¥6000(スタニングルアー)/スタニングルアー 青山店 ターバンキャップ¥21000(フラッパー)/ショールーム ウノ イヤリング¥17000(IRIS 47)/Hooves

P82-85, P87
Tシャツ(ジ エルダー ステイツマン)/サザビーリーグ タップパンツ/windsky

P86, P88-91
キャミソール・タップパンツ/windsky

P92-95
今田さん分:シャツ¥67000、パンツ¥59000(ともにレジーナ ピョウ)/ショールーム ウノ イヤリング(セットで)¥18000(べべ)/アイクエスト ショールーム イヤーカフ¥18500、リング右手(小指)¥22000(ともにコールムーン)・リング左手(中指)¥70000(アキラナカ)/ハルミ ショールーム ブレスレット¥49000、リング右手(人差し指)¥29000、左手(薬指)¥41000(すべてオール ブルース)/エドストローム オフィス

永野さん分:トップス/エンフォルド

P113-115
ワンピース(J&M デヴィッドソン)/J&M デヴィッドソン 青山店 usedサボ/Fizz Look

P116-117
ニット、パンツ(ともにサイモン ミラー)/エドストローム オフィス usedサボ/Fizz Look

※記載のないアイテムはすべてスタイリスト私物です。本人の私服や私物についてのブランド側へのお問い合わせはご遠慮ください。

※L.A.の店舗等へ電話をかける場合は、010(国際電話識別番号)+1(アメリカ国番号)が必要です。

お問い合わせ先

アイクエスト ショールーム(べべ) ☎03-6433-5208
イーストランド ☎03-6712-6777
windsky http://www.windsky.jp/
UTS PR 03-6427-1030
エスティーム プレス ☎03-5428-0928
エドストローム オフィス ☎03-6427-5901
エリオポール代官山 ☎03-3770-6438
エンフォルド ☎03-6730-9191
クリスチャン ディオール ☎0120-02-1947
クリスチャン ルブタン ジャパン ☎03-6804-2855
クロエ カスタマーリレーションズ ☎03-4335-1750
グローブスペックス エージェント ☎03-5459-8326
GROG GROG ☎03-3316-8426
コロネット ☎03-5216-6518
サザビーリーグ ☎03-5412-1937
J&M デヴィッドソン 青山店 ☎03-6427-1810
4K ☎03-5464-9321
シティショップ ☎03-6696-2332
ジミー チュウ ☎0120-013-700
ジュゼッペ ザノッティ ジャパン ☎03-6894-7510
ショールーム ウノ ☎03-5545-5875
スタニングルアー 青山店 ☎03-6418-4783
ステューシー ジャパン ☎0548-22-7366
トミー ヒルフィガー カスタマーサービス ☎0120-266-416
トラディショナル ウェザーウェア 青山ウィメンズ店 ☎03-6452-6836
någonstans ☎03-6730-9191
原宿シカゴ 原宿/神宮前店 ☎03-5414-5107
ハルミ ショールーム ☎03-6433-5395
Fizz Look ☎03-3318-6049
Hooves ☎03-6319-4136
ブランドニュース ☎03-3797-3673
ブリンク ☎03-5775-7525
メゾン スペシャル ☎03-6451-1660
メゾン・ディセット ☎03-3470-2100
ラグ & ボーン 表参道 ☎03-6805-1630
ルックスオティカジャパン ☎03-3514-2950
ロエベ ジャパン カスタマーサービス ☎03-6215-6116
ワイズ プレスルーム ☎03-5463-1540

今田美桜の「イマ」

人見知りだった幼少時代。とにかく目立ちたくなかった

1997年3月5日生まれ、福岡県出身。"美桜"という名前は、「みんなから愛されている美しい桜のような人になってほしい」という願いを込めて、両親がつけてくれました。3人きょうだいの長女だけど、しっかりはしていなくて、小さい頃は手のかかる子どもだったと思います。あと、すごく恥ずかしがり屋だったかも。父や母に、自分がどんな子どもだったかをあまり聞いたりはしないから、たぶんだけど……。昔の様子を記録したホームビデオは、家にたくさんあるんです。でも、妹が私とちがって活発というか、ぶっ飛んでるところがあるので、その映像がおもしろすぎて（笑）。家族で思い出話をするときは、決まって妹のネタばかりになっちゃいます。

人見知りで、引っ込み思案だった幼少期。でも、「こうしたい！」と思ったことに関しての我は強かったみたい。お母さんに聞いておもしろかった当時のエピソードは、幼稚園で風邪をひいた友達が先生にお薬を飲ませてもらっていたときのこと。私はその先生のことが大好きだったから、その光景がすごくうらやましくて。それで、家に帰ってからお母さんに「私も幼稚園にお薬を持って行きたい！」って頼んだらしいんです。でも、風邪をひいてないから当然薬なんてない。結局、お薬みたいに見えるお菓子を買ってもらって、幼稚園に持参。クラス中に「お薬でーす！」って見せびらかしながらその場でクルクル回って、先生に飲ませてもらい、めでたく願いが叶ったという（笑）。一度「やってみたい！」って思ったことは、簡単に諦められない性格だったのかなぁ。

通っていた幼稚園はカトリック系で、朝のあいさつやお昼ごはんを食べる前にはお祈りをしたり歌ったりする時間がありました。年長組になると、学芸会でイエス・キリスト誕生のお話を披露するのも、その幼稚園ならでは。そこで私が演じたのは天使役でした。"天使A"みたいな、たくさんいるうちの一人で、決して目立つ役ではなかったです。花形のマリア様役は同じ学年の可愛い女の子2人が担当していたし、私はマリア様をやりたいなんて考えもしなくて。天使たちの出番は、イエス様が誕生するときにひらひらって飛んできて、「おめでとうございます」みたいなセリフを言うだけだったけど、それで十分！「人前で役になりきってしゃべるなんて恥ずかしすぎて無理だから、できるだけセリフの少ない役がいい」。本気でそう思っていたくらい、人前に出ることが苦手でした。

友達と始めたバスケットが、大人しかった私を変えてくれた

小学校は、坂を20分くらいのぼったところにありました。学区内ギリギリで、家からちょっと遠い場所。毎朝一緒に登校していた友達が、やたらと裏道にくわしくて（笑）。だから、いつも2人で近道。3年生になったとき、その友達が学校のバスケットボールクラブに入ったんです。私も誘われて始めることになって、それがきっかけで少しだけ活発な性格に変われたんじゃないかな。当時は背が高いほうだったから、ポジションも高身長の人がつとめるセンターだったんです。ゴール下でリバウンドしたボールを奪い合うっていう激しい戦いを繰り返すうちに、「負けたくない！」っていう勝負心が芽生えていったのかも。5年生のときには他校のチームにも所属して、かけもち状態になるほど熱中しました！金曜日だけピアノを習っていたけど、月曜日から木曜日までは常にどちらかのバスケの練習が入っていて、土日は練習試合。小学校を卒業するまでずっと、そんなバスケ漬けの生活でした。遊ぶ時間がほとんどないほどだったけど、仲のいい友達と一緒だったから練習は苦じゃなくて、むしろ楽しかった！最初はただひたすら走るだけだったのが、ポジションをもらえてからはどんどんやりがいも感じるようになっていって。一度だけ、自分の小学校のチームで大会の3位に入賞したこともあるんです！ちゃんと説明すると、本当は4位だったのに、なぜか3位のチームがその場にいなくて、〝繰り上げ3位〟みたいな感じだったんだけど（笑）、それがバスケ人生の最も輝かしい成績かな。

　習いごとのピアノは、6歳の頃に始めました。家に母が弾いていたエレクトーンがあって、昔からそれをさわりながら、ずっと習ってみたいなって思っていたんです。新しい曲を弾き始めるときは譜読みが大変だったけど、弾けるようになると楽しかったな。ピアノの個人レッスンのほかに、エレクトーンのアンサンブルにも通っていて。エレクトーンのほうは発表会があったから、4人1組でピンク・レディーの『UFO』を弾いたりとか。ピアノは定期的に検定があったけど、私はそれが苦手で、ついズルズルと先延ばしに……。そんな私を見かねたお母さんから「検定を受ける気がないならピアノはやめなさい」って言われてしまい。中学3年生のタイミングでピアノはやめて、高校受験に集中することに。でもその後も、ピアノ教室で楽譜を買ってきては、ストレス発散にコブクロさんの曲や、ふだん聴いているJ-POPを弾いていました。実は、ピアノ教室では作曲の勉強もしていて、先生と一緒に曲を作ったことも……。残念ながら、とてもお披露目できるようなレベルではなかったけど（笑）。

　ほかに小学生時代の思い出深いできごとといえば、一度だけ夏休みの宿題で書いた硬筆が市のコンクールで入賞したこと。宿題は基本的に全部あとまわしにするタイプだったので、硬筆も夏休みが終わる間際に焦ってやっていたんです。でも、お母さんはすごく字が上手だから、私の適当に書いた字が許せなかったみたいで。そこからお母さんの指導を受けて書き直したら、なんと入賞しちゃった！作品が展示された福岡市の美術館まで、お母さんと見に行った記憶があります。

友達との手紙交換に夢中だった、どこにでもいる普通の中学生

　中学に入ると同時に、塾に通い始めることに。すごく頭のいい同い年のいとこがその塾に通っていて、おじいちゃんとおばあちゃんにすすめられたんです。国語、数学、社会、理科、英語の5教科を週3回勉強して、夏休みも補習。おかげで学校の授業はすんなり頭に入ってきたし、テストの点数もどちらかというとよかったはず。得意だったのは……日本史かな。特に安土桃山時代が好きで、〝桶狭間の戦い〟みたいな語感のおもしろい言葉が多くて、暗記するのが楽しかった！

　中学で入っていたのは陸上部。塾がけっこう厳しいところだったから、団体競技系の部活だと学業を優先することで、部員のみんなに迷惑をかけてしまいそうだなと思って、個人競技の陸上を選んだんです。ピアノを習ってい

たし、吹奏楽とかも興味があったけど、なぜか吹奏楽部は管楽器経験者じゃないと入れないと思い込んでいた（笑）。陸上部では、短距離走から始めて、最終的には走り幅跳びをやっていました。

その頃に学校で流行っていたのは、友達同士での手紙交換！ 紙の折り方がいろいろあって、いちごの形とかTシャツの形とか、そういうのをマスターして。手紙を書く用に色ペンをめっちゃ持ち歩いていたから、筆箱がやたら大きかったなぁ……。なつかしい～！ お手紙を書くのとか、ステーショナリーとか、そういうものが当時から大好きでした。男性のアイドルグループとかも教室では大人気だったけど、私はそういう風に芸能人に夢中になったことはなくて……。一時期、友達3人で交換日記をしてたとき、ノートの表紙に自分の名前と好きな芸能人の名前を書いてデコる友達2人のとなりで、私は特に書くことがなくて困ってたなぁ（笑）。

3年生の体育祭は、中学3年間の学校行事の中で一番の思い出！ 特に、ブロック対抗の10人11脚はめちゃめちゃ燃えちゃった。ただ走るだけじゃなくて、最後に全員で棒を跳ばなきゃいけなかったり、すごく難しかったんです。残念ながら、私たちのブロックは優勝できず……。でも、勝ち負けよりも、みんなで一つの目標に向けて頑張ることが楽しかった。当時のクラスメイトとは今でも仲がよくて、年末年始に福岡に帰省すると6人くらいで集合。その中の2人が、その体育祭で団長と副団長をつとめていたんです。そういえば今年のお正月に会ったとき、副団長だった男の子が団長の女の子に「なんで俺が団長じゃなかったのか、今でも根に持ってる」みたいな話をしてて、「何年前の恨みだよ！」ってみんなで大盛り上がりでした（笑）。

小中学生の頃の将来の夢は、保育士さんになること。でも、高校受験のタイミングで両親と進路について話し合ったときに「どの仕事もそうだけど、保育士は特に大変だよ」って言われて、将来役に立ちそうな管理栄養士の資格をとることを勧められたんです。「この職業につきたい」っていう明確な目標はなかったし、だから高校2年生で福岡のモデル事務所に所属するまでは、漠然と「将来は管理栄養士になるかもしれないな」って思ってた。地元で進学して、就職して……っていうプランをなんとなく描いていたから、上京する未来なんて、想像したことすらもないくらいでした。

スカウトされて芸能界へ。タイムリミットは、22歳だった

高校は、好きな授業を大学みたいに選べる単位制のところに進学。一応クラスはあるけど、授業ごとにメンバーがちがって、いろんな子と友達になれました。制服が可愛かったから、女子はおしゃれしたくてその学校を選ぶみたいなところもあった気がします。だけど校則がとにかく厳しい!! 髪を染めたりピアスの穴を開けたりするのはもちろん禁止、髪が肩についたら耳の下で結ぶ、眉毛を整えたら罰として前髪を短く切りそろえなきゃいけない、スカート丈はヒザの真ん中厳守。でも、やっぱりスカートを短くして可愛く見せたい！ だから、先生の目を盗んでウエストをこっそり折って、結局怒られて……。だけどそんな何気ない毎日が、すごく楽しかったな。

福岡のモデル事務所の方にスカウトしていただいたのは、高校2年生の5月。体育祭の振替休日に、塾で仲よくなった友達とプリクラを撮るためにゲームセンターに向かっている途中のことでした。「前から歩いてくる人になんかジロジロ見られてるなぁ」と思いながらすれちがいざまに軽く会釈をしたら、すぐに追いかけてきて、事務所のパンフレットとその方のお名刺を渡されたんです。きっと1人でいたらどうしていいかわからなかったと思うけど、そのときは友達も一緒だったから怖さはなかった。ただ、それまで芸能界にはまったく興味がなかったし、自分がそういう世界の人になれるとも思ってなかったから、とにかくビックリ！という感じ。だけど考えたこともなかったからこそ、「こういう道もあるのかな？」って、自分の中でちょっと何かが目覚めた感覚があったのを覚えてます。だから、家に帰って両親に報告したときも、「やってみたいんだけど」っていう話し方をしたはず。お父さんもお母さんもすごく心配していたけど、最終的には学業をおろそかにしないことを条件に、とりあえず習いごと感覚で始めることを許してもらいました。

それから、放課後にウォーキングと演技のレッスンへ通うことに。どちらかというとウォーキングのほうが好きだったけど、身長が高くなかったからモデルのオーディションは受けられないことが多くて。同じ事務所の友達からも演技のほうに進むことを勧められて、途中からは演技のレッスンに集中するようになりました。レッスンでは即興でお芝居をすることもあれば、事

前に台本が配られたりすることも。はじめは大きい声を出したりするのが恥ずかしかったりしたけど、単純に、毎回ちがうことに挑戦できるのは楽しかった。レッスンを続けるうちにCMにちょこちょこ出させていただく機会も出てきて、たとえば同じ〝よろこび〟という感情でも、顔のアップだけで表現したり、全身を使ってみたり……。映像のお仕事を通して表現するおもしろさを知ったことも、演技への興味がさらに深まるきっかけになりました。

3年生になると、地元だけじゃなく、東京で開催されるオーディションにも少しずつ行くように。わざわざ東京まで足を運んでも、いい結果はちっとも出なくて、生きてきた中でいちばん悔しかった。それまでやりたいこともなかった私にとって、これほど真剣に向き合いたいものと出会ったのは初めてでした。東京で悔しい思いをするたびに、なんとなく大学に進んで管理栄養士をめざそうと思っていた気持ちが、「絶対お芝居の道に進みたい」という決心に変わっていったんです。

だけど、両親はそんな私の考えに大反対。どうしても大学に行ってほしいお母さんと、高校卒業後は東京で女優の道に進みたい私。意見が平行線のまま迎えた三者面談で、私の背中を押してくれたのは担任の先生でした。あのとき先生が応援してくれなかったら、私は諦めて、両親に勧められるまま進学していたかもしれない。先生の後押しのおかげで両親も私の夢を理解してくれて、「同い年のみんなが大学を卒業する22歳まで、女優としての道に可能性があるか試して、22歳になったときにもう1回考えてみること」という約束を交わすことになりました。そんな条件つきで、芸能の道に進むことができたんです。

そして2019年3月、その22歳の誕生日を迎えました。両親は何も言ってこない（笑）……けど、私としては当時のことを思い出して、ちょっと感慨深いものがあったりします。

「8勝7敗でいいんだから」。その言葉に何度も救われた

高校を卒業して上京するまでの1年間は、人生で最も悩んだ時期。東京に行きたいっていう気持ちは強かったけど、行ったところで知り合いもいないし、何をどうしたらいいかもわからない。そのいっぽうで、22歳のタイムリミットはどんどん迫ってくる……。5分、10分の審査のために日帰りで東京へ向かって、オーディションを受けて、審査員の方々の表情を見ては「やっぱりダメだったか」って肩を落とす。福岡に帰る飛行機の中では、毎回涙が止まらなかった。「このままでいいのかな？」って自問自答しても、答えが出ない。今だったら、悩んでもいったん泣いて切り替えれば、目の前には大好きなお芝居のお仕事が待っている。でも、あの頃は泣いてスッキリしたところで、その先にやるべきこともなかったんです。だから余計に苦しかった。もしもそのときの私に、22歳になった今の私が声をかけるとしたら。「今は先が見えなくても、自分を

信じて頑張っていれば、すごく幸せな環境でやりたかったお仕事ができるんだよ」って、そう教えてあげたい。だけど、そのときは明るい未来を想像する余裕もないくらい、落ち込みつづける毎日。「もうダメなのかな」「私、才能がないのかな」「私よりも若い、高校生も活躍しているのに」……「もう辞めたい」という言葉が頭をよぎったこともありました。

そんな状況に光が差したのは、19歳のとき。東京に行きたいと思いながらもなかなか勇気を持てなかった私に、今の事務所の社長が声をかけてくださったんです。このチャンスを逃したら終わりだと思ったし、もうあとがないという気持ちで上京を決意しました。もしあのとき声をかけてもらえなかったら、両親との約束のタイムリミットをもって、芸能のお仕事には区切りをつけていたと思う。少なくとも、女優としての私は絶対にいなかった。今の事務所に所属したことが、私の未来を拓くきっかけになったんです。

事務所の社長は、私の人生において、とても大きな影響を与えてくれた方。社長からは、「とにかく飾るな」ということを教えてもらいました。東京に来てお仕事を始めたばかりの頃、どうしてもいい風に見られたくて、インタビューなどで話をつい盛ってしまっていたんです。でも、その様子を見ていた社長が、「本当はそうじゃないだろう」と。オーディションに落ちつづけていたときにも、いつも笑顔で私を笑わせてくれました。「全部に全力投球することはもちろん大事だけど、全部で結果を出そうと思わなくていい。8勝7敗でいいんだから」と言ってもらえたことも大きかったです。何回落ちても、勝ちがひとつ多ければいい。その一言は、張りつめていた私の心を溶かしてくれた。今もずっと、大切にしている言葉です。

初めての東京での生活は……最初は水が合わなかった！ シャワーの水で肌が荒れちゃったり、あとは電車の乗り換えも慣れるまでにだいぶ時間がかかりました。だけど、福岡の空気を吸いに帰りたいなって思うことはあっても、不思議とホームシックにはならなかった。それは、私がそう感じないように、事務所の方たちが一緒にごはんを食べたり、映画を見に行ったりしてくれたおかげ。日曜日には、銀座の歩行者天国へ連れて行ってもらったことも。最初に見たときは、「こんな広い道路なのに車が通らない時間帯があるなんて！」とすごくビックリしたのを覚えてます。

「今後どうなっていくんだろう？」という不安はあまりなかったです。というより、レッスンやオーディション……とにかく目の前にあることを必死でやるしかなくて、不安を感じてる時間もないくらいで。だけどそんな毎日は充実していて、楽しかった。もちろん、悔しいできごとも数え切れないくらいあったけれど。その悔しさは、「跳ね返してやる！」っていう、原動力にもなりました。オーディションを受ける前には、その監督さんが撮った別の作品を見たり、できることはすべてやって挑むように。その頃の目標といえば、台本に自分の名前が載ること。だから、初めて役名がもらえて、台本に名前が載ったとき、心からうれしかったのを鮮明に覚えています。いただいた台本には、社長からの「ナイス一勝」という手紙が入っていました。

今田家には、個性豊かで あったかい5人がそろってます

事務所の方々と同じくらい、私のことをずっと支えてくれているのが家族。お父さんと5つ下の弟は物静か、母と3つ下の妹はよくしゃべっていて、私はそのちょうど真ん中くらいのポジションかな。見た目と、お酒が好きなところはお父さん似。だから、私がお酒を飲める年齢になるのをいちばん楽しみにしてくれていたのは、きっとお父さんだったと思います。お父さんは基本的に焼酎しか飲まないのに、私が20歳を過ぎてからは、実家に帰るといろんなお酒を用意して待っていてくれるんです。妹は、家族の中でいちばんのムードメーカー。私が実家に住んでいた頃は、ケンカもしょっちゅう。というか、ほぼ毎日（笑）。特に多かった原因は洋服！ なぜなら妹は、母や私のクローゼットを勝手に開けて、普通に着て出かけちゃうんです！ それで、もちろん怒るんだけど、次の日には何事もなかったかのようにケロッとしてる。そんなさっぱりした性格が、うらやましくもあったり……。弟は、すべてにおいて優しくて。子どもの頃、きょうだい3人でお菓子の取り合いをすると、ケンカになるのは私と妹だけで、弟は「いいよ、あげるよ」ってゆずってくれていたくらい。大人ですよね……。今、「ドラマを見たよ」とか、仕事の話題を振ってくれたり、相談をするのは主にお母さん。妹と弟は、何も言ってこない。そもそも見ているのかどうかもわからない（笑）。だけどそれぞれ、「今田美桜の妹」とか「今田美桜の弟」という

理由で何かを言われたり、肩身のせまい思いをしたことも一度や二度じゃなかったはず。それでも愚痴なんて一つも言わずに、私をただのお姉ちゃんでいさせてくれました。私がグラビアのお仕事をしていたこともあって、特に弟は学校でひやかされたりすることも多かったみたいで……。心配していたら、あるとき弟が私に手紙を送ってくれたんです。そこに書かれていたのは、「東京で頑張っているお姉ちゃんのこと、誇りに思ってる」という内容。その言葉が本当にうれしくて、心強くて、前に進む力になりました。手紙は、大切なものを入れる引き出しにしまっています。誰にも見せたことはない、私だけの宝物です。

転機となった、『花のち晴れ』の第4話。褒め言葉に見合う実力を備えたい

デビューしてからこれまで出演させていただいた映画やドラマを振り返ってみると、それぞれの役から、ちがったことを吸収させてもらった気がします。ドラマ『僕たちがやりました』では、永野芽郁ちゃんと岡崎紗絵ちゃんの友達で、キャピキャピしている高校生役。その次のクールに放送されたドラマ『民衆の敵〜世の中、おかしくないですか!?〜』では、一転して風俗嬢の役で。そういえばこのとき、スタジオに組まれたセットというものを初めて見たんです！　アパートのシチュエーションで、ちゃんと廊下と部屋がつながっていて。「こんなリアルに再現できるんだ！」って衝撃でした。当時は役との向き合い方も手探りで、何が正解なのかもわからない状況。緊張もあいまって、何回もテイクを重ねてしまった苦い思い出があります。監督さんから言われたことを理解して、すぐにお芝居に反映しなきゃいけない。そのことばかりを考えて、必死で現場に立っていました。

2017年公開の映画『デメキン』で演じたのが、主人公の親友の彼女という役どころ。お腹の中には彼氏の子どもがいるけど、彼氏はケンカでボコボコにされてしまって意識がない。複雑な思いを彼氏の親友にぶつけるというシーンで、初めて感情を爆発させるお芝居を経験しました。セリフは一切なく、表情や目線の動かし方だけで感情を表現しなければいけなくて。演技の難しさを痛感しました。

不慣れなことばかりで、演技について悩むことも多かった日々。そんな中で、改めて自分と向き合うきっかけをくださったのが、『記憶』というドラマで共演させていただいた中井貴一さんです。リテイクを繰り返したり、共演者の方との会話でつい背伸びをしてしまう私に、「あなたは30点台。でもそのままでいなさい、変わるなよ」と鼓舞してくださったんです。周りの方についていくのにとにかく必死だった私は、その言葉にハッとさせられました。「背伸びしようとせず、私は私のままで全力を出すんだ」と、気持ちを新たにすることができたんです。

そして、ドラマ『花のち晴れ〜花男Next Season〜』への出演。『花より男子』シリーズの10年後を描いた続編で、前作ドラマも、当時欠かさず見ていたんです。出演が決まったときのよろこびを、きっと一生忘れないと思います。中国語のレッスンを受けているときに、社長が「決まったぞ」ってものすごい勢いで扉を開けて入ってきて、知らせてくれたんです。信じられないくらいうれしい気持ちと同時に、「8勝7敗、勝ちがひとつ多ければいい」という言葉が頭に浮かびました。きっとこれこそが、その1勝。「この作品で、人生を変える勝負をかけるんだ」という気持ちで挑みました。

私が演じた真矢愛莉という女の子は、マンガを読んでいたときから大好きだったキャラクター。原作ファンにも好きな人が多い愛莉を演じることに、かなりのプレッシャーを感じていました。愛莉の人間らしい魅力をしっかり表現できるように、原作を読み込むのはもちろん、台本に沿ってマンガのシーンをスマホで写真に撮って、撮影前も、移動中も、空き時間も、何度も何度も見返しました。課題はやっぱり、あの強烈なキャラクターをどう表現するか。愛莉って、ドラマの前半は常に怒ってる。物を投げるなんて日常茶飯事で。だからこそ、その怒り方がワンパターンにならないように意識しました。みぞおちを殴ったかと思えば腕立て伏せをしている上に乗ってみたり、ネクタイを引っ張ったり、逆に笑ってみせたり……。今までで最も感情の起伏が激しい役。だけれどあらゆる怒りの底に、彼女の真っすぐな思いがあって、そこも含めた愛莉という人間を演じたかった。キャリアの長い共演者さんも多くいた中で、私はいちばん経験が少なくて、もちろんこんな大役も初めて。葛藤もあったけれど、杉咲花ちゃんをはじめとする共演者のみなさんがそれぞれキャラクターの個性をしっかり表現されていたおかげで、私も愛莉として現場にいることができ

ました。
そんな愛莉がメインで描かれた第4話。愛莉にとって、それまで以上に気持ちの変化が大きくなる大事なストーリーだったので、撮影中は緊張の連続。最も勝負の回でした。放送後には本当にたくさんの反響をいただけて。もう、放送終了直後から画面をスクロールするたびに、インスタグラムのフォロワー数の表示が10ずつ増えていくような状態で。その日は家に友達とお母さんが遊びにきていて、友達は隣でずっと私のインスタをチェックしながら、「すごいことになってる！」って興奮していました。翌日、フォロワーが数十万人も急増！　役との出会いを通して、人生まで変えてくれた『花晴れ』という作品は、間違いなく私の人生の転機だと思います。

『花晴れ』以降、〝旬の女優〟とか〝注目の若手女優〟と言っていただける機会が増えました。すごくありがたいことです。だけどまだまだ実力不足なのは自分がいちばんわかっているから、申し訳ない気持ちでいっぱい。少しでもその言葉にふさわしくなって、みなさまに認めてもらえるように、今まで以上に頑張らなきゃって思います。

今、女優として活動する上で大事にしているのは、台本と丁寧に向き合うこと。『花晴れ』やドラマ『3年A組―今から皆さんは、人質です―』で演じたような気の強い女の子の役も嫌いじゃないけれど、機会があれば、逆にまったくやったことのない暗い役とか自分の芯を持っていない役も経験してみたい。「主演をやりたい」みたいなポジションに対するこだわりは全然なくて、その作品の空気になれている人、見てくださる方に「その世界に生きているな」って思ってもらえる女優になることが目標です。

料理の腕に磨きをかけて、30歳までに結婚！　あくまで理想です(笑)

自分の性格をざっくり言い表すと、負けず嫌いで、面倒くさがり。お仕事に関しては負けず嫌いだけど、それ以外のこととなると〝まぁいっか〟精神が顔をのぞかせる（笑）。友達からは、「整理整頓ができない」って言われますね。もう半分諦められているけど……。たとえば、冷蔵庫の中のものはすぐに賞味期限を切らしてしまうので、遊びにきた友達がパッケージに大きく賞味期限の日付を書いておいてくれる（笑）。自分では面倒くさくて絶対にやらないし、そんな時間があったら睡眠を優先したい！　本当に寝るのが大好きで。寝ているときが一番幸せ。睡眠にはちょっとこだわりがあって、できるだけ肌が羽毛布団に触れる体勢で眠りにつきたいんです！　もうあの肌ざわりに代わるものはないってくらい最高。お休みの日は何時間だって寝ちゃいます。心ゆくまで睡眠をとって、バラエティーやドラマ、映画を見て……それが至福のひととき！　バラエティー番組だと、『今夜くらべてみました』が好き。さかのぼってみたら、過去に録画したものを全部見ていたことが判明しました（笑）。ドラマは、いち視聴者として楽しんで見られるタイプ。「私だったら、こう演じるかな……」なんていうことは、いっさい考えない。だから、わりとどんな作品も素直に感情移入してボロボロ泣いちゃう。最近だと『下町ロケット』とかは、相当な量の涙を流してしまいました……。

お仕事以外でこれからもっと頑張りたいのは、料理。ふだんからたまにするけど、1人分作るのって難しいし、食べる時間より料理している時間のほうが長いから、なんか虚しくなっちゃって……（笑）。だから、友達が家に遊びにきたときに手料理を振る舞うほうが好き。うちのお母さんは料理が上手で、中でも私の大好物は、お手製の中華ちまき。それで最近、そのレシピを教わって再現してみたんです。お母さんの味にはおよばなかったけど、初めてにしては上出来でした！

このお仕事を始めてからは、1年があっという間。だから、「○歳までにこれをやる」みたいな計画は、あまり立てないようにしています。でも、30歳までに結婚できたらいいなっていうのは唯一の目標かも。旦那さんとは、恋人同士でもあり、夫婦でもあり、友達同士でもあり、そんないいとこどりの関係が理想（笑）。でも今は、あんまり想像できないな。

最後に、スタイルブックを読んでくださっているみなさんへ。写真だけじゃなく、言葉もたくさんつめこまれたこの1冊は、たとえるなら私のプロフィールみたいなもの。どんなファッションやメイクが好きで、どんなことを考えているのか……私の頭の中をお見せできたんじゃないかなと思います。こうして自分と向き合う機会をいただいて、人生を振り返ることができてよかった。いろいろあったけれど、やっぱり私って基本的には面倒くさがりな人間なんだって再確認したり（笑）。こんな私ですが、これからも、どうぞよろしくお願いします！

CROSLEY

私の初めてのスタイルブックいかがでしたか？
正直、自分のいろいろをさらけ出すみたいで
戸惑いもありました。
でも、色んな素顔を出せて、
初めてのLAにも行けて、本当に楽しく撮影
できました☺
初めてお話しする内容もあったこの1冊。
手にとってくれたみなさんに
改めてありがとうを言いたいです。
私もまた気持ちを整理したい時、
何かに悩んでいる時、そして見つめ直す時、
この本を見返したいと思います。
私の22歳の〝イマ〟、
みなさんにとっての〝イマ〟の
一部になってくれたら嬉しいです。 今田美桜

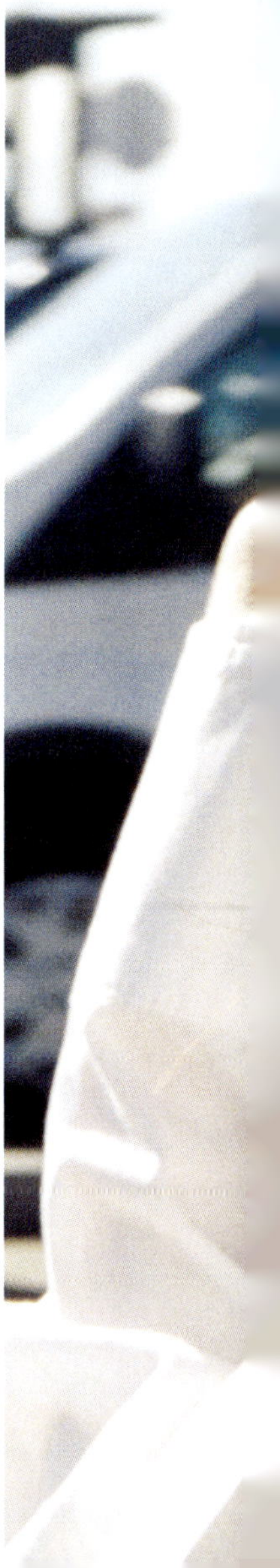

今田美桜（いまだみお）

1997年3月5日生まれ、福岡県出身。2016年に上京し、「福岡で一番かわいい女の子」として話題に。2018年に放送されたテレビドラマ『花のち晴れ〜花男 Next Season〜』（TBS系）の真矢愛莉役でブレイク、その後も『SUITS/スーツ』（フジテレビ系）『3年A組─今から皆さんは、人質です─』（日本テレビ系）『セミオトコ』（テレビ朝日系）など話題作に次々と出演、いま最も勢いのある女優として注目が集まる。

いまだみお
今田美桜スタイルブック　イマ

2019年 7 月18日　初版発行
2022年10月10日　3 版発行

いまだ みお
著者／今田 美桜

発行者／青柳 昌行

発行／株式会社KADOKAWA
〒102-8177　東京都千代田区富士見2-13-3
電話　0570-002-301（ナビダイヤル）

印刷所／凸版印刷株式会社

本書の無断複製（コピー、スキャン、デジタル化等）並びに
無断複製物の譲渡及び配信は、著作権法上での例外を除き禁じられています。
また、本書を代行業者などの第三者に依頼して複製する行為は、
たとえ個人や家庭内での利用であっても一切認められておりません。

●お問い合わせ
https://www.kadokawa.co.jp/（「お問い合わせ」へお進みください）
※内容によっては、お答えできない場合があります。
※サポートは日本国内のみとさせていただきます。
※Japanese text only

定価はカバーに表示してあります。

©Mio Imada 2019　Printed in Japan
ISBN 978-4-04-065727-1　C0076